9

Hermann Burkhardt **Grundschul-Praxis des Kunstunterrichts**

Ein Erfahrungsbericht
aus dem Primarbereich

Otto Maier Verlag Ravensburg

Klaus Bodemeyer, Gretel Bolz, Hermann
Braun, Marlene Domsch, Franz Fallert,
Edith Friedrich-Kim, Hans Häuptle, Christiane Junge und Margarete Müllner haben
Arbeiten aus ihrem Unterricht zur Verfügung gestellt.
Ihnen, insbesondere meinem Kollegen
Klaus Bodemeyer, sei herzlich gedankt.

© 1971 by Otto Maier Verlag Ravensburg
3. veränderte Auflage 1974
Einbandgestaltung: Manfred Burggraf
Reproduktionen: Müller, Sigmaringendorf
Druck: aprinta, Wemding
Printed in Germany 1974
ISBN 3-473-61569-2

Inhalt

Vorwort 7

Zur Zielsetzung des Kunstunterrichts 9

Zum Kunstunterricht
in der Grundschule 10
   Zu Inhalten und Methoden des
   Kunstunterrichts in der Grundschule 11
   Zur Bild- und Kunstbetrachtung
   in der Grundschule 12
   Zur Organisation und Gliederung
   der Aufgaben 13
   Zum Begriff des Zeichens
   im Kunstunterricht 16
   Zur Funktion der Sprache
   im Kunstunterricht 17

Unterrichtsbeispiele aus der
Grundschul-Praxis 19

Ausformung und Differenzierung
von Zeichen 19
   1. Aufgabe: Der Bäcker bringt die
   Geburtstagstorte 20
   2. Aufgabe: Eine vornehme,
   altmodisch gekleidete Dame 21
   3. Aufgabe: Stacheligel 23
   4. Aufgabe: Gallionsfigur 26
   5. Aufgabe: Der Gemüsekönig 28

Zuordnung von Bildzeichen 31
   6. Aufgabe: Das gefräßige
   Krokodil 32
   7. Aufgabe: Der Wolf frißt
   die Ente 33

   8. Aufgabe: Fleischfressende
   Pflanzen 34
   9. Aufgabe: Kunstbetrachtung –
   Henri Rousseau,
   ,,Urwaldlandschaft'' 37
   10. Aufgabe: Vogelnest 39
   11. Aufgabe: Zwei Kinder machen
   Seifenblasen 41
   12. Aufgabe: Bildgeschichte
   eines Autounfalls 42

Gruppierung von Bildelementen 45
   13. Aufgabe: Maikäfer krabbeln aus
   der Schachtel 46
   14. Aufgabe: Der Rattenfänger
   lockt Ratten und Mäuse 48
   15. Aufgabe: Die schwarzen
   Ameisen kämpfen gegen
   die weißen 52
   16. Aufgabe: Kunstbetrachtung –
   Albrecht Altdorfer,
   ,,Die Alexanderschlacht'' 54
   17. Aufgabe: Schlacht der
   Buchstaben 55
   18. Aufgabe: Farbige Punkte
   schließen sich zusammen 57
   19. Aufgabe: Eine mittelalterliche
   Stadt wird belagert 58
   20. Aufgabe: Fachwerkhäuser 60
   21. Aufgabe: Römerkastell 61

Entwicklung bildnerischer Vorgänge 64
   22. Aufgabe: Der süße Brei läuft
   über den Topf hinaus 64

23. Aufgabe: Wie es vom Himmel
herunterregnet 67
24. Aufgabe: Wie Daumerling in
die Luft getragen wird 70
25. Aufgabe: Leuchtende Farben
kommen zu den trüben Farben 72
26. Aufgabe: Farben bewegen
und verändern sich 75

Form-Grund-Beziehung 77
27. Aufgabe: Schlangenbaum 77
28. Aufgabe: Unterwasser-
Blumentier 80
29. Aufgabe: Der Preisstier 81

Differenzierung und Ordnung
von Farben 83
30. Aufgabe: Der goldene Vogel 84
31. Aufgabe: Kunstbetrachtung –
Paul Klee, „Der goldene Fisch" 88
32. Aufgabe: Die künstliche
Nachtigall 89
33. Aufgabe: Alle Farben der Sonne 91
34. Aufgabe: Das Schloß des
Winterkönigs 93
35. Aufgabe: Winterfarben 96

36. Aufgabe: Kunstbetrachtung –
Wilhelm Nay,
„Vom ansteigenden Blau" 98
37. Aufgabe: Landschaft mit
Hügeln und Felsen 99

Experimentieren 101
38. Aufgabe: Farb- und
Materialsammlung 102

Wechselbeziehung von bild- und
sachlogischen Aspekten 104
39. Aufgabe: Wie die Pflanzen
wachsen 105
40. Aufgabe: Blumenwiese 108
41. Aufgabe: Unkräuter im
Getreidefeld 111
42. Aufgabe: Eisgewächse 114
43. Aufgabe: Kristalle des
Rauhreifs 116
44. Aufgabe: Kandisberg 118
45. Aufgabe: Der Rasen wird
gemäht 121

Literaturverzeichnis 123

Vorwort

Zahlreiche fachdidaktische Veröffentlichungen haben sich in der letzten Zeit mit Fragen des Kunstunterrichts in der Grundschule und im Primarbereich befaßt. In ihnen besteht allgemeine Übereinstimmung, daß dieser Unterricht vom ersten Schultag an als Fachunterricht zu verstehen sei.

Positionen und Strukturen des Kunstunterrichts erscheinen in der Theorie recht weit entwickelt. In der Praxis der Grundschule haben sie sich bis jetzt noch kaum ausgewirkt. Nicht zuletzt ist dies auf die Tatsache zurückzuführen, daß es dort bei weitem nicht genügend fachlich ausgebildete Lehrer gibt.

Für den überwiegenden Teil der in diesem Fach tätigen Grundschullehrer bedeutet die gegenwärtige kunstpädagogische Entwicklung im Primarbereich eine Neuorientierung oder zumindest die kritische Überprüfung überkommener Standpunkte. Vor allem an sie, die kunsterzieherisch interessierten, aber nicht speziell ausgebildeten Lehrer wendet sich der vorliegende Beitrag.

Es ist im folgenden nicht daran gedacht, eine grundlegende fachdidaktische Konzeption für die Grundschule, zusätzlich zu den vorliegenden Veröffentlichungen, zu entwickeln. Der Verfasser begnügt sich hier, in einem einleitenden Teil, mit Anmerkungen und Hinweisen zum Kunstunterricht. Er sieht seine Aufgabe vielmehr darin, einen schulpraktischen Beitrag zu der in vielem fortgeschritteneren kunstdidaktischen Theorie zu liefern.

Die in der Form eines Erfahrungsberichts dargebotenen Aufgaben wurden vom Verfasser in Zusammenarbeit mit Studierenden, Kolleginnen und Kollegen der Grundschule in verschiedenen Vor- und Grundschulklassen durchgeführt. Sie befassen sich mit grundlegenden bildnerischen Problemen im Bereich der Graphik und der Farbe. Auf Plastizieren, Bauen und Spiel soll in einer späteren Veröffentlichung eingegangen werden.

Die einzelnen Unterrichtsbeispiele sind meist in der Form einer Entwicklungsreihe miteinander verbunden. Oft wird ein Problem in seinen weiterführenden Aspekten durch mehrere Schuljahre verfolgt. In ihrer Problemstellung deuten die Aufgaben insgesamt einen Stoffplan für den Primarbereich an, doch wird zugunsten der ausführlichen, exemplarischen Dokumentation auf eine umfassende Stoff- und Aufgabensammlung verzichtet.

Der Verfasser ist sich der Einwände bewußt, die gegen die detaillierte Schilderung unterrichtlicher Maßnahmen und methodischer Einzelschritte erhoben werden können. Die jeweils einmalige Unterrichtssituation läßt sich nicht wiederholen – man kann hier nicht zweimal in denselben Fluß steigen! Es ist aber zu hoffen, daß der Grundschullehrer aus der Erfahrung seiner eigenen Unterrichtspraxis heraus zur Reflexion angeregt wird; daß er angesichts des *einen* aufgezeigten Weges *andere* mögliche Wege bedenkt. Der jeweilige konkrete unterrichtspraktische Ansatz wird stets auch als Anlaß verstanden, sich mit den zugrundeliegenden theoretischen Aspekten zu beschäftigen.

Neben den abgebildeten Schülerarbeiten sind, vielleicht in einem über das Übliche hinausgehenden Umfang, verbale Äußerungen der Kinder zum Kunstunterricht aufgenommen. In ihrem intensiven Eingehen auf das Detail vermögen sie die besondere Struktur dieses Unterrichts zu erhellen. Zugleich geben sie Einblicke in die konsequente schulpraktische Kleinarbeit, die im Blick auf weitgesteckte Ziele des Kunstunterrichts zu leisten ist.

An dieser Stelle sei allen Studenten, Lehrerinnen und Lehrern der Grundschule gedankt, die mit Schülerarbeiten und Aufzeichnungen aus ihrem Unterricht zu dem vorliegenden Buch beigetragen haben.

Ludwigsburg, im Dezember 1970

Hermann Burkhardt

Vorwort zur 3. Auflage

Fachdidaktische Veröffentlichungen bleiben für gewöhnlich nicht allzu lange aktuell, zumal wenn sie sich, wie im vorliegenden Fall, unmittelbar auf die Schulpraxis beziehen. Eine dritte Auflage dieses Buches könnte zunächst darauf hindeuten, daß die Primarstufe in der kunstdidaktischen Literatur noch immer nicht genügend Beachtung findet. Sehr viel wahrscheinlicher dürfte jedoch die Vermutung sein, daß ein planmäßig aufbauender Kunstunterricht vom ersten Schultag an, wie ihn neben dem Verfasser viele andere Autoren konzipiert haben, sich erst jetzt in breiterem Umfang in der Schule durchzusetzen beginnt. Die inzwischen in fast allen Bundesländern erschienenen neuen Richtlinien und Lehrpläne haben diese Entwicklung stark beeinflußt.

Die seit dem ersten Erscheinen des Buches weiter durchgeführten Unterrichtsversuche konnten dessen grundlegende Konzeption weitgehend bestätigen. Insbesondere in den auf S. 14 aufgeführten Aufgabenbereichen, die für die Gliederung der einzelnen Unterrichtsbeispiele maßgeblich waren, können *elementare Lernprozesse* gesehen werden, für die es auch in anderen Fächern, insbesondere im Deutsch- und Mathematikunterricht, aber auch in Musik und Leibeserziehung Entsprechungen gibt. Sie zeichnen sich als fachübergreifende Aspekte einer allgemeinen Entwicklung der ästhetischen Sensibilität, der Kreativität, der Kommunikations- und Kritikfähigkeit ab. Hierbei Grundstrukturen für einen möglichen Transfer zu finden und aufzuzeigen, dürfte eine der wichtigsten Aufgaben der Grundschuldidaktik in den nächsten Jahren sein.

Noch wesentlicher erscheint jedoch der Umstand, daß in den elementaren Lernprozessen des Kunstunterrichts im Primarbereich der Grund für die Weiterentwicklung in den fachlichen Bereichen der Visuellen Kommunikation und einer sehr viel umfassenderen ästhetischen Erziehung gelegt wird. In diesem Sinne haben die vor Jahren durchgeführten Unterrichtsbeispiele, die auch in die 3. Auflage unverändert übernommen werden, ihre Aktualität behalten.

Ludwigsburg, im September 1974

Hermann Burkhardt

Zur Zielsetzung des Kunstunterrichts

In den letzten Jahren hat sich innerhalb der Kunsterziehung ein Wandel vollzogen. Er ist gekennzeichnet durch die Erweiterung und Neuorientierung der fachlichen Bezugsfelder. Gegenüber der traditionellen, überwiegend musisch ausgerichteten *Erziehung durch Kunst* und einer *Erziehung zur Kunst* hat sich immer mehr der Gedanke einer sehr viel umfassenderen und elementarer angelegten *Erziehung im ästhetischen Bereich* durchgesetzt. Diese Erziehung wird in der fachlichen Diskussion mit zunehmender definitorischer Schärfe als Instrument gesellschaftlicher Ausrüstung verstanden.

Ästhetische Erziehung heißt hier „Ausrüstung und Übung des Menschen in der Aisthesis – in der Wahrnehmung. Sie will etwas ganz Elementares und Allgemeines" (H. v. Hentig). In diesem Sinne bezieht sich Kunstunterricht in der Schule auf visuell Wahrgenommenes und Wahrnehmbares. Dieser Unterricht kann sich nicht damit begnügen, dem Kind oder Jugendlichen die Welt des Schönen – vornehmlich im Bereich der Kunst – zu erschließen. Er hat sich darüber hinaus mit allen ästhetisch relevanten Erscheinungen der vorgefundenen und hergestellten, der gewachsenen und gebauten Umwelt zu befassen.

Der heutige Kunstunterricht zielt dabei, ganz allgemein formuliert, auf „sinnvolles Kulturverhalten" (Heimann) im optischen und haptischen Bereich. Damit ist ein bestimmter Bereich der kulturellen, vom Menschen geschaffenen Umwelt angesprochen, in dem Menschen leben, zueinander in Beziehung treten; in dem sie von anderen Menschen beeinflußt werden und auf den sie selbst Einfluß nehmen können. Der Kunstunterricht soll den Schüler befähigen, in diesem Bereich selbständig und zweckmäßig zu entscheiden und zu handeln. Dieser Unterricht erhält damit insgesamt den Bildungsauftrag zur Entwicklung emanzipatorischer Verhaltensweisen.

Voraussetzung hierfür ist, daß sich der Schüler frühzeitig mit Phänomenen und Prinzipien der ästhetisch gestalteten Umwelt auseinandersetzt und – vor allem im Bereich der bildenden Kunst – Grunderfahrungen erwirbt und Grundbegriffe gewinnt. Die Aufgabe, sich mit „Kunst als Struktur" (Otto) zu befassen, wird wohl künftig vorwiegend in der Eingangs- und Grundstufe der Grundschule zu leisten sein.

Darüber hinaus stellt sich – im Ansatz bereits im Primarbereich – die Frage nach Bezügen des Kunstunterrichts zur gesellschaftlichen Umwelt. Im Aufweisen solcher Bezüge liegen in Zukunft die maßgeblichen Aufgaben des Unterrichts in den folgenden Bildungsstufen (Sekundarstufe I und II). Der Kunstunterricht entwickelt und erweitert sich hier zunehmend zum Unterricht im Gesamtbereich der *visuellen Kommunikation*.

Zum Kunstunterricht in der Grundschule

Für das bildhafte Gestalten der Grundschule ist der angedeutete Umweltbezug nicht neu. Mit dem bildhaften Gestalten des Grundschulkindes war und ist immer auch Dokumentation von Umwelt verbunden. Bildhaftes Gestalten erschien in seiner Zuwendung zu Gegenständen und Inhalten von Natur und Kultur als brauchbares Mittel des Gesamtunterrichts. Für die Aufgabenstellung und Beurteilung waren aber meist keine bildnerischen, sondern vielerlei sach- und fachfremde Gesichtspunkte maßgeblich. Der eigentliche Fachbezug wurde dabei oft übersehen: daß nämlich die bildende Kunst mit ihren spezifischen Mitteln und Verfahren dem Schüler das Instrumentarium liefert, Formen und Inhalte der Umwelt zu erfassen, zu verändern und analysierend zu erkennen.

Für den Unterricht in der Grundschule ergibt sich in der Verbindung des traditionellen Umweltbezugs mit den Mitteln und „Wegen der Kunst" (Otto) ein fruchtbarer Ansatz für die Erziehung im ästhetischen Bereich. Hier kann für spätere Bildungsstufen ein bildnerischer „Erfahrungsgrund" (Pfennig) gelegt werden.

Kunstunterricht in der Grundschule setzt die entschiedene Zuwendung zu facheigenen, d. h. künstlerischen Arbeitsformen voraus. Zu den von der traditionellen Kunsterziehung vor allem gepflegten Formen subjektiven bildnerischen *Ausdrucks* und individueller *Darstellung* („eigenschöpferisches Gestalten") tritt in zunehmenden Maße die Besinnung auf syntaktische, bildnerische Probleme und deren kommunikative Funktion als Mitteilung durch Zeichen und Bilder, als *visuelle Kommunikation*. Dieser gesellschaftsbezogene Aspekt relativiert den bisher überwiegenden Individualbezug bildhaften Gestaltens, wobei die Relativierung zugleich Objektivierung im Blick auf Lehr- und Lernprozesse bedeutet.

In einem fachlich und lehrgangsmäßig aufgebauten Kunstunterricht lassen sich einige überkommene Positionen nur noch in begrenztem Umfang halten. Hier ist vor allem an die Ausdrucksfunktion bildnerischer Gestaltung zu denken, also daran, daß in der subjektiven Gestaltung von Erlebtem eine entlastende, befreiende, letztlich therapeutische Wirkung liegt. Diese Ausdrucksfunktion hat in der Kunsterziehung nach wie vor Bedeutung, nur ist sie übermäßig betont worden. Vielleicht liegt in der Überbewertung des spontanen Ausdrucks ein Grund für die Scheu so vieler Lehrer, den kindlichen Gestaltungsprozeß in irgendeiner Weise zu beeinflussen. In der Schaffung von Gelegenheit zu bildnerischem Tun wurde zwar individuelle Lebenshilfe geboten, in der Überhöhung dieses Standpunktes zugleich aber die Aufgabe vernachlässigt, den jungen Menschen auszurüsten mit dem Wissen um die kommunikative Bedeutung ästhetischer Objekte. Dazu gehört vor allem die Erfahrung, daß es so etwas wie eine ästhetische Verbindlichkeit gibt, die kontrollierbare Wirkungen hervorruft und die verantwortet werden muß.

Auch die überstarke Bindung an fixierte entwicklungspsychologische Phasenlehren sollte aufgegeben werden. Sie hat in der Vergangenheit manchen Kunsterzieher in der Grundschule davon abgehalten, seinen Unterricht im Hinblick auf das Lehr- und Lernbare zu organisieren. Im Extremfall führte dies zu einem unterrichtlichen Laisser-faire oder zur Improvisation des Augenblicks. Andererseits hat die dogmatische Orientierung an der Entwicklungspsychologie viele Lehrer veranlaßt, in ihren Zeichen- und Malstunden recht handfest auf eine normative, vorgeblich kind- und altersstufengemäße Darstellungsweise hinzuarbeiten. „Was in der Kunsterziehung geschehen *soll*, sagt die Entwicklungspsychologie nicht" (Bräuer).

In den praktischen Unterrichtsbeispielen wird nachzuweisen sein, daß viele Aufgaben in allen Altersstufen bearbeitet werden können. (So sind einige der in diesem Buch angeführten Aufgaben und Themen Lehrplänen der Hauptschule und der gymnasialen Unter- und Mittelstufe entnommen.) Verhaltensweisen und Lösungswege sind letztlich von der jeweiligen *Bildungsstufe* abhängig, von dem, was der Schüler vorausgehend gelernt hat und was nicht.

Die Eingangsstufe des Kunstunterrichts beginnt mit der Grundschule und nicht, wie dies teilweise noch heute festgelegt ist, im 5. und 6. Schuljahr. Anfangssituationen dieses Unterrichts ergeben sich meist unabhängig von irgendeiner Altersstufe. In vielen schulpraktischen Versuchen hat sich eine gegenüber späteren Schuljahren günstigere Ausgangsbasis der Grundschu-

le gezeigt. Sie kann mit der Einbeziehung der Vorschule noch erweitert werden (vgl. 1. oder 30. Aufgabe).

Den Bedenken einer Verfrühung steht die ursprüngliche, unverbildete Lernbereitschaft der Kinder entgegen; die Bereitschaft, sich auch im Zeichnen, Malen, Plastizieren und Bauen vom „Sog der Sache" (Wagenschein) ergreifen zu lassen. Die Freude an bildnerischer Gestaltung wird dadurch im Kunstunterricht nicht geschmälert.

Zu Inhalten und Methoden des Kunstunterrichts in der Grundschule

In seiner Ausrichtung auf definierbare Lehr- und Lernprozesse unterscheidet sich der Kunstunterricht von keinem anderen Unterrichtsfach. Er ist, wie schon angedeutet, von Schulbeginn an als Fachunterricht zu verstehen und nicht als musische Komponente eines fachübergreifenden Gesamtunterrichts.

Gegenstand dieses Unterrichts (Lehrinhalte) sind „bildnerische Prozesse und ästhetische Objekte" (Otto). *Bildnerische Prozesse* bezeichnen den selbsttätigen Umgang des Schülers mit Materialien in verschiedenen Verfahren (z. B. Zeichnen, Malen, Kleben, Drucken, Formen, Bauen), in denen er bildnerische Probleme löst. Im entsprechenden Machen und Handeln entwickelt er bildnerische Fertigkeiten und stellt Strukturzusammenhänge her.

Ästhetische Objekte sind die dabei entstehenden Ergebnisse – Schülerarbeiten als Produkte dieses Handelns –, darüber hinaus Bilder aller Art, Kunstwerke, Plastiken, Fotografien, sowie alle Gegenstände, die sich als Objekt optischer und haptischer

Wahrnehmung aufgreifen lassen. An ihnen lernt der Schüler Strukturzusammenhänge durchschauen, er erwirbt dabei erste bildnerische Grunderfahrungen.

Neben dem eigenen bildnerischen Tun des Kindes, das bisher fast ausschließlich die Grundschulpraxis bestimmte, wird damit auch der Umgang mit ästhetischen Objekten in den Unterricht einbezogen. Zur *Produktion* kommen vielfältige Weisen der *Reflexion*. Für den Bereich der Grundschule sind Produzieren und Reflektieren nicht als in sich geschlossene Arbeitsformen aufzufassen. Vielmehr stehen sie in einem Interdependenzverhältnis zueinander, d. h. sie bedingen sich gegenseitig und sind nur in methodischer Akzentuierung als voneinander trennbar zu verstehen.

In diesen Lehr- und Lernwegen sind kognitive, rationale Momente stärker als bisher betont. Das erscheint bemerkenswert in einem Fach, in dem seit den Tagen der Reformpädagogik emotionales Reagieren – Fühlen und Erleben – und allenfalls pragmatisches Handeln vorherrschten. In dem Begriff des *bildnerischen Denkens,* das W. Klafki als eine „ganz besondere, strukturell eigentümliche Weise des Denkens" bezeichnet, sind diese kognitiven Momente angesprochen.

Bildnerisches Denken ist einesteils abhängig von der unmittelbaren Anschauung, von der direkten Auseinandersetzung mit bildnerischen Phänomenen. Es ist gleichzeitig, wie alles Denken, an die Sprache gebunden. Die sprachliche Artikulation bildnerischer Denkvorgänge führt, über die Reflexion hinaus, zur *Kommunikation,* zur Mitteilung von Tatsachen, Kenntnissen, Urteilen und zur Verständigung über ästhetische Sachverhalte. R. Pfennig spricht von der Einheit der drei Arbeitsformen: Machen – Sehen – Sagen.

Ohne den Unterricht auf einen *durchgehenden* Lehrgang oder Aufgabenkanon festzulegen (etwa im Sinne einer bildnerischen Elementenlehre), sollte doch von Schulbeginn an eine kontinuierliche bildnerische Erziehung mit systematischen Lernvorgängen gewährleistet sein. Hierzu bieten sich im Verlauf eines Schuljahres mehrere *Aufgabenreihen* (Lehrgänge – Passagen) in den verschiedenen Sachbereichen (Zeichnen/Graphik, Malen, Plastizieren, Bauen) an. Diese lassen sich ihrerseits in *Unterrichtseinheiten* (Unterrichtsstunden von viertel- bis doppelstündiger Dauer) gliedern. Solche Aufgabenreihen befassen sich jeweils mit einem bestimmten Problemkomplex, in dem der Schüler in wechselnden Aufgabenstellungen und Aspekten verschiedene Lösungswege finden und erkennen lernen kann.

Zur Bild- und Kunstbetrachtung in der Grundschule

In der bisherigen Grundschulpraxis wurden Bildbetrachtungen weniger nach den fachlichen Kriterien einer Kunst- und Werkbetrachtung durchgeführt als nach den Prinzipien des Gesamtunterrichts. Die Beobachtung, daß sich das kindliche Interesse vor allem auf das Motivische der Bilder erstreckt, führte zu einer Bildauswahl nach vorwiegend „kindgemäßen" Gesichtspunkten. Für die Betrachtung erschienen Bilder dann geeignet, wenn sie im Motiv kindlichen Vorstellungen entgegenkamen und sich die inhaltliche Information leicht ablesen ließ. Meistens begnügte man sich damit, daß die Kinder Bekanntes und Erkennbares benannten.

Im Kunstunterricht der Grundschule sind Kunstbetrachtungen von Anfang an fester Bestandteil fachlicher Lehrgänge. Sie stehen in engem Zusammenhang mit der bildnerischen Produktion. Die Problematik eines Kunstwerkes läßt sich zwar nicht direkt auf die Arbeiten der Kinder beziehen, doch ist ein wechselseitiger Bezug in Teilaspekten (Motiv, Komposition, Ausdrucksgehalt, Form- und Farbproblemen) möglich. Kunstwerke können in der Grundschule selten erschöpfend behandelt werden. Dies schließt aber eine erste Begegnung nicht aus. Sie kann zu einem späteren Zeitpunkt vertiefend und ergänzend aufgenommen werden.

Anstelle einer scheinbaren Altersstufengemäßheit sollte bei der Auswahl mehr auf die „optimale Korrelation von Inhalt und Bildstruktur" (Ebert) geachtet werden. Sie ist nicht nur in leicht verständlichen Kunstwerken gegeben. Bilder mit sperriger Sinnstruktur sind oft didaktisch ergiebiger. Die Reibung an Sinnbarrieren weckt die kindliche Neugier. Das „schwierige" Bild bietet insofern eine günstige Ausgangssituation, als es die Kinder veranlaßt, die eigene Vorstellung mit dem optischen Tatbestand des Bildes zu vergleichen. Nach der Beschreibung von Bekanntem wird die Umschreibung von Halb- oder Noch-nicht-Verstandenem notwendig („Das sieht aus wie ..."). Die Benennung des Besonderen erfordert genaues Beobachten und führt über emotionale Zustimmung oder Ablehnung hinaus zu sachlicher Bildanalyse.

Der Anfangsunterricht der Grundschule bietet die Chance eines in vielem unbeeinflußten Sehens und spontaner Reaktionen, die sich auch auf formale Bildbestände erstrecken können. Dies läßt sich vor allem in der Begegnung mit ungegenständlichen Bildern feststellen. Dort sind Formen und Farben für das Grundschulkind ebenso real wie erkennbare Figuren und Gegenstände. Sie werden wie diese beschrieben und zueinander in Beziehung gesetzt (z. B. 36. Aufgabe).

Um die kindliche Aufnahmefähigkeit nicht zu überfordern, sollten Kunstbetrachtungen zeitlich begrenzt werden. Dies gilt auch für die Analyse von Arbeitsergebnissen. (Für die 31. Aufgabe, eine Bildbetrachtung im 1. Schuljahr, wurden z. B. 20 Minuten verwendet.) Gegen Ende der Grundschule vergrößert sich der Anteil der Reflexion gegenüber der praktischen Tätigkeit auf etwa ein Viertel bis ein Drittel der Unterrichtszeit.

Zur Organisation und Gliederung der Aufgaben

Die im unterrichtspraktischen Teil folgenden *Aufgaben* deuten in ihrer Gliederung einen *Stoffplan* des Kunstunterrichts in den Sachbereichen Zeichnen/Graphik und Malen an. (Plastizieren und Bauen blieben aus den im Vorwort erwähnten Gründen unberücksichtigt.)

Neuere Stoffpläne, Lehrplanentwürfe, Lehrpläne und Richtlinien für die Grundschule, die zum Vergleich herangezogen werden können, liegen in einer Reihe von Veröffentlichungen vor. Auf sie wird am Ende des Buches hingewiesen.

Trotz gewisser Unterschiede in der Formulierung und der Setzung von Schwerpunkten sind dort viele gemeinsame Grundzüge festzustellen, die auch in den vorliegenden Aufgabenreihen berücksichtigt wurden: Die Inhalte, Medien und Methoden sind primär *fachlich* ausgerichtet. Für die *Aufgabenstellung* bilden *bildnerische Probleme,* nicht ein Thema oder Motiv, den zentralen

Bezugspunkt. Bildprobleme erscheinen im Schulkindalter zwar assoziativ an Gegenständen der vorgefundenen oder gewachsenen Umwelt orientiert, sie verweisen aber auch schon in der Grundschule zunehmend auf autonome Bildprozesse.

Aufgaben ergeben sich vor allem aus Problemen

der *Ausformung und Differenzierung von Zeichen;*

der *Zuordnung von Bildzeichen;*

der *Gruppierung von Bildelementen;*

der *Entwicklung bildnerischer Vorgänge;*

der *Form-Grundbeziehung;*

der *Differenzierung und Ordnung von Farben;*

des *Experimentierens.*

(Abschließend sollen in einer Aufgabenreihe fachspezifische Sichtweisen des Kunstunterrichts in ihrer *Wechselbeziehung von sach- und bildlogischen Aspekten* aufgezeigt werden.)

Die angeführten bildnerischen Probleme treten schon sehr früh in den Kinderzeichnungen und Malereien der Vorschulzeit auf. Die Kinder reagieren dort in der Gestaltung überwiegend intuitiv. Ein rationales Moment wird dabei aber meist übersehen. W. Klafki bemerkt hierzu: „Auch im Kinde gestaltet nach meiner Auffassung – und ich glaube erweisbar – nicht das Es; es handelt sich vielmehr um bewußte, in kindlicher oder jugendlicher Weise oft durchaus reflektierte Gestaltungsprozesse.''

Im Unterricht sollen nun Probleme, mit denen sich der einzelne Schüler oft schon befaßt hat, bevor er in die Schule kam, gemeinsam gelöst werden. Ihre Akzentuierung in einer Aufgabe, verbunden mit der Eingrenzung von Vorstellungen und Inhalten, unterstützt die Problemlösungsversuche. In der Regel ist dabei nicht nur ein einzelnes Bildproblem, sondern ein Problemkomplex angesprochen, in dem sich Einzelprobleme selten isoliert darstellen.

Bildnerische Probleme beruhen auf Ordnungsprinzipien, die weitgehend auch die Wahl der *bildnerischen Mittel* (z. B. Punkt, Linie, Fleck, Fläche, Form- und Farbkontraste), *Verfahren* (z. B. Deckfarbenmalerei, Collage, Linolschnitt) und *Werkmittel* (Material, Format, Werkzeug) bestimmen. Der Schüler sollte im Umgang mit diesen Mitteln und Verfahren allmählich lernen, einen Wechselbezug von Problemstellung und Realisierungsmöglichkeiten zu sehen und dementsprechend sinnvoll zu handeln. Er sollte auch schon früh die Möglichkeiten des Experimentierens, des zielorientierten Änderns und Veränderns im Hinblick auf bildnerische Ursache und Wirkung kennenlernen. Er sollte dadurch befähigt werden, in der Auswahl der Realisierungsmittel und Wege selbst zu bestimmen. In vielen Aufgaben ist ihm z. B. die Wahl der Werkmittel freigestellt; in anderen liefert ihm das spezifische Angebot von Materialien Anlässe für selbstgefundene bildnerische Motivationen (z. B. 37. oder 38. Aufgabe).

Auch die in jeder Aufgabe speziell angegebenen *Begriffe* stehen in direktem Zusammenhang mit den intendierten bildnerischen Problemen. Sie sind entweder als Fachtermini (z. B. Linie, Muster, Farbbewegung) oder als spontane Wortfindungen (z.B. „Schwarm'', „Schar'', „Haufen'' als mögliche Vorbenennung einer Gruppierung von Formen) vorgeplant. Als vorläufige oder feste Bezeichnungen tragen sie zu der kontinuierlichen Entwicklung einer Fachsprache bei. Die Einführung, Einübung und Festigung dieser Begriffe steht in engem Zusammenhang mit der langfristigen Planung von Aufgabenreihen.

Die Benennung, Umschreibung und Beschreibung von Objekten und Formen, von Eigenschaften, Beziehungen, Vorgängen und Bewegungen ist aber nicht nur im Hinblick auf eine Fachterminologie des Kunstunterrichts zu sehen. Sie deckt sich in vielem auch mit den Begriffen anderer Fach- und Sachbereiche, insbesondere des Sprach- und Sachunterrichts, der Mathematik oder der Musik. Hier bestehen Möglichkeiten der Koordinierung und fachlichen Übereinkunft in einem künftigen Curriculum für die Grundschule.

Im Gegensatz zu früheren Stoffplänen steht das *Thema* am Schluß der Aufgabenstellung. Es ist Ergebnis, nicht Ausgangspunkt der unterrichtlichen Planung. Das Thema ist demzufolge stets auf eine bestimmte bildnerische Problemstellung bezogen.

In der Regel sieht der Grundschüler zuerst das Thema und die damit angesprochenen Vorstellungen und Inhalte einer Aufgabe. Von hier aus eröffnet sich ihm ein Zugang zu den damit verbundenen Problemen, Verfahren und Werkmitteln. Auch ungegenständliche Lösungen sind für ihn in der Verbindung von Problem und Motiv themabezogen (z. B. „Sonnenfelder", 33. Aufgabe, oder „Winterfarben", 35. Aufgabe). Bei aller Hervorhebung bildnerischer Probleme sollte in der Grundschule auf keinen Fall auf einen thematischen Bezug verzichtet werden. Das Grundschulkind soll frühzeitig erfahren, daß mit jeglicher Ordnung im Gestaltungsbereich zugleich auch eine bestimmte Aussage geleistet wird, daß mit Formen und Farben bestimmte Wirkungen verbunden sind. Der Gewinn von Erfahrungen und Einsichten über die Wechselbeziehung von Thema und Bildproblem gehört zu den wesentlichen Lernzielen des Kunstunterrichts in der Grundschule.

Die Anmerkungen *zur Aufgabe* befassen sich mit Aspekten der Unterrichtsplanung (Inhalten, Medien, Lernzielen), die im Einzelfall besonders hervorzuheben sind. Auf die umfassende Aufzählung aller für den Unterricht maßgeblichen Faktoren wird aus Platzgründen verzichtet.

In zahlreichen Aufgaben sind anhand von Kinderzeichnungen vor allem die *anthropogenen Voraussetzungen* aufgezeigt, die Anlagen, Fähigkeiten und Fertigkeiten, welche die Kinder von sich aus mitbringen. In mehreren Unterrichtseinheiten wurden einzelne von Kindern selbst gewählte Arbeitsbeispiele direkt für die Aufgabenplanung und Themenstellung herangezogen (z. B. 3., 7. oder 23. Aufgabe). Damit soll einem oft geäußerten Einwand begegnet werden, daß der Kunstunterricht in seiner Zielsetzung keine Rücksichten auf die Fähigkeiten und Interessen des Grundschülers nehme. Was ein einzelnes Kind von sich aus und unbeeinflußt bildnerisch zu leisten vermag, kann für eine Grundschulklasse zur gemeinsamen, verbindlichen Aufgabe werden.

Der *Bericht über die Stunde* bringt Angaben über den Verlauf einer Unterrichtseinheit und das Verhalten der Schüler. In der meist etwas ausführlicher behandelten „Initiationsphase" (Otto) werden vorwiegend Fragen der Methodik angesprochen. Mit der jeweils geschilderten *Einführung* in die Aufgabe ist *eine* Möglichkeit unter vielen gezeigt. Dies gilt auch für die in vielen Beispielen angeführte *Analyse der Arbeitsergebnisse*. Die sich hierbei ergebende, jeweils einmalige „Faktorenkomplexion" (Winnefeld) läßt jede Unterrichtsstunde als unwiederholbaren Prozeß erscheinen. Die Schilderung des einmaligen Falles kann aber zum Durchdenken anderer Unterrichtswege anregen. Sie werden in den *methodisch-didaktischen Alternativen* teilweise angedeutet.

Soweit sich aus dem konkreten Einzelfall allgemeine *Erfahrungen* ableiten lassen, sind sie in einem besonderen Abschnitt zusammengefaßt. Der wörtlichen Aufzeichnung von Schüleräußerungen wurde großer Wert beigemessen. Ihre Formulierungen geben Einblick in alterstypische Weisen bildnerischen Denkens. Es lassen sich daraus wichtige Anhaltspunkte für weitere, gezielte unterrichtliche Maßnahmen gewinnen.

Zum Begriff des Zeichens im Kunstunterricht

In der didaktischen Konzeption dieses Buches spielt der Begriff „Zeichen" eine besondere Rolle. Er wird hier in Beziehung zur Semiotik, zur Theorie der Zeichen gesehen. Nach dieser Theorie ist alles Zeichen, was von einem Interpretanten zum Zeichen erklärt wird.

Damit lassen sich auch bildnerische Verhaltensweisen von Kindern im Vor- und Grundschulalter beschreiben: In ihren Zeichnungen ordnen die Kinder Gegenständen und Inhalten ihrer Umwelt bestimmte Zeichen zu.

Die ursprünglichen kindlichen Zeichen liefern die Grundlage für die Entfaltung eines Zeichenrepertoires im Kunstunterricht der Grundschule. Darüber hinaus spielt dort auch ein kommunikationstheoretischer Gedanke eine Rolle: Zeichen sollen vom Schüler nicht nur in ihrem individuell-expressiven Aspekt artikuliert werden, sondern auch kommunikativ, als Mittel der Mitteilung und Verständigung mit anderen.

Schon der Grundschüler sollte lernen, was es mit optischen Zeichen auf sich hat; wie mit Hilfe von Zeichenverbindungen Kommunikation hergestellt werden kann. Dabei wird er sich mit dem *semantischen* Anteil der Zeichen, mit der Frage nach deren *Bedeutung* ebenso zu befassen haben, wie mit deren *Syntaktik,* mit Fragen nach der *Beschaffenheit* von Zeichen, mit Möglichkeiten ihrer Verknüpfung und Strukturierung.

Die Bedeutung von Zeichen wird dem Schüler vor allem auf dem Wege der *Analyse* als Ausformung und Differenzierung, auch in ihrer sinnvollen Zuordnung in einem Zeichenkomplex ersichtlich.

Die Zeichensyntax, die Ordnung und Verbindung von Zeichen lernt er vorwiegend in der *Synthese* von Einzelteilen, in ihrer Gruppierung und der Entwicklung von Bewegungsvorgängen kennen.

In der Umsetzung von Gegenständen und Inhalten seiner Umwelt in Zeichen unternimmt schon das Grundschulkind das, was Roland Barthes als strukturalistische Tätigkeit bezeichnet: „Der strukturale Mensch nimmt das Gegebene, zerlegt es, setzt es wieder zusammen; das ist scheinbar wenig... Und doch ist dieses Wenige... entscheidend; denn ...zwischen den beiden Momenten strukturalistischer Tätigkeit bildet sich etwas *Neues,* und dieses Neue ist nichts Geringeres als das allgemein Intelligible: ...das ist der dem Objekt hinzugefügte Intellekt, und dieser Zusatz hat insofern einen anthropologischen Wert, als er der Mensch selbst ist, seine Geschichte, seine Situation, seine Freiheit und der Widerstand, den die Natur seinem Geist entgegensetzt."

Auf den zwei typischen strukturalistischen Operationen, Zerlegung und Arrangement, beruhen auch die fachspezifischen Verfahren des Kunstunterrichts: in einem wechselseitigen Trennen, Unterscheiden und Verbinden, Zusammenfügen im Vorgang des Machens. Reinhard Pfennig formuliert dies für den Kunstunterricht so: „Das Einsehen in die Welt ist untrennbar mit der Machbarkeit in Bildern und Zeichen verbunden. Einsicht kann nur dort geschehen, wo das Erkannte und Erlebte auch herstellbar ist und im Vorgang des Machens zum Selbstbesitz wird. Dieser Vorgang ist aber immer ein Zusammenfügen und Ordnen. Unterscheiden und Zusammenfügen sind nicht zu trennen."

Beide Momente sind, in wechselndem Anteil, in den schulpraktischen Aufgabenreihen angesprochen.

Zur Funktion der Sprache im Kunstunterricht

Mit der Zielsetzung einer Analyse und Synthese von Zeichen und Formen muß auch die Funktion der Sprache im Kunstunterricht neu gesehen werden. Die Ausformung und Differenzierung von Zeichen und die Entwicklung von Bildstrukturen ist notwendigerweise auch mit sprachlicher Ausformung und Differenzierung verbunden. In der Ausrichtung von Wortbegriff und Bildzeichen auf ein und dieselbe Sache, auf ein gemeinsames Bedeutetes, erfahren beide zunehmende Ausprägung.

In der herkömmlichen, gesamtunterrichtlichen Praxis der Grundschule wurden die naiven Zeichen der kindlichen Bildsprache als vorbegriffliche, nichtverbale Form der Mitteilung überall da genutzt, wo es (noch!) an sprachlichem Ausdruck mangelte. Die Bildsprache sollte allmählich durch die Wortsprache abgelöst werden.

Gegenüber der dort überbetonten Förderung des Denkens im Wortbereich tritt im Kunstunterricht die Sprache in den Dienst bildnerischen Denkens – bei gleichzeitiger Förderung verbaler und nichtverbaler, vi-

sueller Kommunikation. Der heutige Kunstunterricht wird wesentlich durch das wechselseitige Umsetzen von Form in Gedanken, Bild in Sprache bestimmt.

Produzierendes und reflektierendes Verhalten im Bereich der Gestaltung verlangt von Lehrer *und* Schüler den überlegten Gebrauch der Sprache. Die Feststellung, daß der Kunstunterricht in der Grundschule mit dem Wort des Lehrers „steht und fällt" (Schwerdtfeger), trifft sinngemäß auch auf den Schüler zu. Die Sprache wird dabei zum gemeinsam benutzten Mittel der Verständigung über bildnerische Prozesse und ästhetische Objekte.

Zwei Aufgaben hat die Sprache dabei im besonderen zu leisten:

1. Die Initiation, Steuerung und Intensivierung bildnerischer Denkvorgänge.
2. Das Erfassen, Prüfen, Kontrollieren und Beurteilen sichtbarer Tatbestände und die Formulierung dessen, was sichtbar geworden ist und einsichtig wurde.

An ersterem ist vor allem der Lehrer beteiligt, wenn er eine Aufgabe vorbereitet und durchführt. Die Bestimmung und Planung der Lernziele erfordert exakte sprachliche Arbeit. Auch die Einführung in das Thema und die Hinführung zu bildnerischen Problemen ist, im Gegensatz zu früheren Auffassungen, weniger im erlebnisbetonten Heraufbeschwören innerer Bilder zu erreichen – etwa durch rhapsodische Worthäufung – als vielmehr in der gezielten Verwendung einzelner Reiz- und Schlüsselworte, wie sie der Lehrer vorbedenken, aber auch der Schüler selbst finden kann.

In den anschließenden schulpraktischen Beispielen werden *Reizworte* als Wortsignale verstanden, welche verbal, durch ihren Klang oder eine den normalen Wortgebrauch übersteigende Bedeutung (Konnotation) akzentuierte Zeichen und Formen zu provozieren vermögen (z. B. „fleischfressende Pflanze", 8. Aufgabe; „Unkraut", 41. Aufgabe). Als *Schlüsselworte* sind Begriffe verwendet, welche verbal einen bestimmten bildnerischen Vorgang oder Sachverhalt zu erschließen vermögen (z. B. „Federkleid", 30. Aufgabe; „Häuserzeile", 20. Aufgabe).

Im zweiten Aufgabenbereich geht es insgesamt um die Entwicklung einer *Fachsprache,* mit deren Hilfe sich bildnerische Sachverhalte ansprechen lassen. Sie sollte in einer klaren, systematisch angelegten Begriffsbildung vom ersten Schuljahr an erarbeitet werden. Bereits das Schulkind vermag in einfachen, altersmundartigen Begriffen Aussagen über Bilder zu leisten – über das, was es in Bildzeichen sichtbar gemacht hat oder was ihm sichtbar wurde. In den Erfahrungsberichten dieses Buches sind zahlreiche kindliche Formulierungen aufgeführt, die diese Feststellung unterrichtspraktisch zu belegen vermögen. Sie können als Ausgangsbasis für diese Fachsprache dienen. Auch hier vollzieht sich, wie bei den kindlichen Bildzeichen, eine zunehmende Ausformung und Differenzierung.

Die im folgenden bei jeder Aufgabe angeführten *Begriffe* sind gleichfalls im Zusammenhang mit der Entwicklung einer solchen Fachterminologie zu sehen (ohne daß damit schon ein vollständiger Kanon für die Grundschule gegeben wäre). Sie beziehen sich hauptsächlich auf Dinge und Formen der Umwelt, ihre Eigenschaften und Beziehungen zueinander.

Diese Begriffe sind nicht nur für den Lehrer maßgeblich, sie sollen auch vom Schüler erfaßt und in der Folgezeit sinnvoll verwendet werden. So ist eine ganze Reihe von Unterrichtseinheiten auf bestimmte Begriffe hin angelegt, deren Kenntnis aus früheren Aufgaben vorausgesetzt wird (z. B. „Bildfigur" in der 27., 28. und 38. Aufgabe).

Mit der Erweiterung des fachlichen Vokabulars schwindet auch die Scheu mancher Kinder, sich im Kunstunterricht mündlich auszudrücken. Sie werden zugleich sicherer in ihrer bildnerischen Artikulation. Der Erwerb sprachlicher Kategorien, mit denen die Schüler am Bild operieren, Bilder betrachten und über Bilder sprechen können, ist eine wesentliche Vorbedingung für die Erziehung zu reflektiertem Verhalten im Bereich der Gestaltung.

Unterrichtsbeispiele aus der Grundschul-Praxis

Ausformung und Differenzierung von Zeichen

Ausgangspunkt des Kunstunterrichts in der Grundschule sind Bildzeichen, welche die Kinder bereits im Vorschulalter in ihren Zeichnungen und Malereien entwickelt haben. In der Grundschule sollen diese Zeichen weiter ausgeformt und differenziert werden.

In der pointierten Motivation einer Aufgabe wie im spezifischen Angebot bildnerischer Materialien ist dem Grundschüler ein Anreiz gegeben, sein vorhandenes Bild- und Zeichenrepertoire unter veränderten oder neuen Aspekten zu überprüfen, zu verändern und in einer bestimmten Darstellungsabsicht zu artikulieren. Darüber hinaus sollen neue Bildzeichen gefunden werden, welche den bisherigen Zeichenbestand erweitern und bereichern.

Eine Voraussetzung für die Ausformung und Differenzierung von Zeichen ist die Fähigkeit zur *Analyse,* die Fähigkeit, in der Ganzheit des Erlebens bedeutungsvolle Einzelheiten zu erkennen und zu abstrahieren. Die Kinder sind – wie ihre Zeichnungen zeigen – dazu schon fähig, bevor sie in die Schule kommen. Im Kunstunterricht sollen sie lernen, bestimmte Empfindungen, Vorstellungen und Inhalte aufzugreifen, und in selbstgeschaffene Zeichen umzusetzen.

Damit ist die anthropologisch urtümliche Leistung des Sichtbarmachens angesprochen. Sie äußert sich nicht nur im affektiven, individuellen Ausdruck des einzelnen, sondern auch im reflektierten In-Zeichen-Setzen als kodifizierter Form der Mitteilung und Verständigung mit anderen.

Neben der Ausdrucksfunktion der Zeichen (Zeichen *von* etwas) sollte im Unterricht auch in stärkerem Maße ihre Darstellungsfunktion (Zeichen *für* etwas) berücksichtigt werden. Die ursprünglichen kindlichen Bildzeichen gewinnen so, über ihre subjektive Aussage hinaus, eine gewisse objektive Verbindlichkeit.

Der Prozeß der Zeichenfindung und Zeichenbildung zielt keineswegs auf bloße Reduzierung oder Elementarisierung ab, sondern viel eher auf Differenzierung mit dem Ziel genauerer Darstellung (vgl. u. a. 3. Aufgabe). Im akzentuierten Zeichnen-Zeigen des Besonderen, in der Durchgliederung der Bildzeichen verfeinert sich ihr Vorstellungs- und Bedeutungsgehalt. Finden und Setzen von Zeichen hilft, eine Erscheinung besser zu verstehen, die Struktur der Erscheinungen besser zu erfassen.

Die folgende Reihe von Aufgaben dient vor allem der analytischen Wahrnehmung im visuellen Bereich. Sie soll die Kinder frühzeitig anregen, „sensitiv zu den Einzelheiten zu werden" (Lowenfeld).

1. Aufgabe

Bildnerische Probleme: Ausformung und Differenzierung von Zeichen im Zeichenkomplex einer Einzelfigur, Erprobung graphischer Mittel, Binnenstrukturierung und Musterung
Mittel: Linie, Fläche, Muster
Verfahren: Linienzeichnung
Werkmittel: Papierformat DIN A4, schwarzer oder blauer Filzstift
Begriffe: Blatt, Punkt, Strich, Muster

Thema: Der Bäcker bringt die Geburtstagstorte

Zur Aufgabe

(Vorschul-Kindergarten, Jungen/Mädchen)

Die Aufgabe geht von der menschlichen Grundfigur aus, die durch besondere Zeichen (Attribute) als Bäcker gekennzeichnet werden soll. In der Andeutung einer Handlung (bringt die Torte) wird darüber hinaus die Zuordnung von Aktionszeichen für „gehen" und „tragen" angeregt. Dabei besteht die Möglichkeit des Übergangs von einer Darstellung en face zur Profilfigur.

Bericht über die Stunde
(35 Minuten)

In der Einführung wurde gefragt, woran man den Bäcker erkenne. Die Kinder erwähnten die hohe Mütze des Bäckers und seine Kleidung. Sie wurde mit der Beschreibung: „gefächelt", „gepünktelt" und „kariert" näher bestimmt. Auf die Frage,

Abb. 1/1   Abb. 1/2   Abb. 1/3   Abb. 1/4

wie man dies mit dem Filzstift zeigen könne, schlugen die Kinder vor: „So Muster machen" – „Striche, viele Striche" – „... und Punkte zusammenmachen."

Auch das Problem, wie man zeigen könne, daß der Bäcker die große Torte trägt, wurde erörtert. Folgende Vorschläge kamen von den Kindern: „Er trägt sie mit beiden Händen." – „Er streckt seine Arme vor." Ein Kind demonstrierte dies: „Man muß so machen" (gemeint ist, von der Seite darstellen), „dann sieht man, wie er die Torte trägt."

In der *Analyse* der Arbeitsergebnisse wies die Lehrerin darauf hin, daß da verschiedene Striche zu sehen seien. Dies führte zur Beobachtung und Feststellung langer und kurzer, dünner und dicker Striche, großer und kleiner Punkte.

Als Möglichkeiten der Strukturierung und Musterung erwähnten die Kinder (sinngemäß): Striche können eng, dicht und weit nebeneinanderstehen, sie können sich überkreuzen.

Erfahrungen

Von fast allen Kindern wurde ein großformiger Figur-Grundbezug hergestellt. In den meisten Arbeiten waren auch Versuche zur Darstellung von der Seite festzustellen. Abb. 1/4 zeigt ein durchgehend konturiertes Gesicht im Profil.

Recht vielfältig wurden die graphischen Mittel eingesetzt. In Abb. 1/1 und 1/2 ist die Struktur der Torte hervorgehoben. Ein Kind bemerkte dazu: „Da werden viele Stücke aufeinandergelegt, dazwischen liegen Kirschen."

Auffällig war in vielen Arbeiten die flächenhafte Verwendung des Filzstifts, vermutlich beeinflußt durch viele vorausgehende Malarbeiten

2. Aufgabe

Bildnerische Probleme: Ausformung von Zeichen und deren Zusammenfügen im Zeichenzusammenhang einer flächenfüllenden Einzelfigur, Binnendifferenzierung durch Reihung verschiedener Strukturelemente
Mittel: Linie, Fleck, Musterung
Verfahren: Linienzeichnung
Werkmittel: Papierformat DIN A 4, Filzstift
Begriffe: Blatt, zeichnen, Strich, Muster

Thema: Eine vornehme, altmodisch gekleidete Dame

Zur Aufgabe
(1. Schuljahr, Jungen/Mädchen)

Die Aufgabe geht von der menschlichen Grundfigur aus, die durch bestimmte Zeichen artikuliert und differenziert werden soll. Gleichzeitig sollen zeichnerisch-graphische Mittel erprobt und erfahren werden.

Bericht über die Stunde
(1 Stunde)

In der Einführung wurde zunächst der Begriff „altmodisch" erarbeitet. Die Lehrerin erzählte von einem Mädchen, das sich Großmutters längst nicht mehr gebrauchtes Sonntagskleid anzog und sich vor den Spiegel stellte. Die spontane Reaktion der Kinder war zunächst Gelächter. Dann folgten Äußerungen wie: „Das Kleid ist zu groß... zu weit." – „Das zieht man heute nicht mehr an." – „Das hat man einmal angezogen, als es neu, als es modern war. Heute ist es altmodisch, weil jetzt andere Sachen modern sind."

Als äußerliche Kennzeichen einer vornehmen, altmodisch gekleideten Dame wurden genannt: Frisur, langes Kleid mit Spitzen, Attribute wie Tasche, Schmuck, Hut.

Der Begriff „altmodisch" wurde zeichnerisch zunächst in äußeren Merkmalen, in Accessoires wie Fächer, Handschuhe, Sonnenschirm realisiert. Darüber hinaus versuchten einzelne Schüler aber auch das Vornehme, Hoheitsvolle, Gezierte auszudrücken. Ein Junge äußerte: „So gucken vornehme Damen!" (Abb. 2/2).

Erfahrungen

Die graphischen Mittel der Linienzeichnung wurden unter dem besonderen thematischen Aspekt sehr differenziert eingesetzt (Abb. 2/1).
Die abschließende *Analyse* der Arbeitsergebnisse hatte sich vor allem mit Linie, Fleck und Fläche befaßt. Die Schüler stellten bei Abb. 2/3 fest: „Viele Linien machen eine dunkle Stelle." – „Man muß sie nebeneinandersetzen ... dicht, eng." – „Auch durcheinander, wie bei den Locken" (Abb. 2/2).

Abb. 2/1

Abb. 2/2

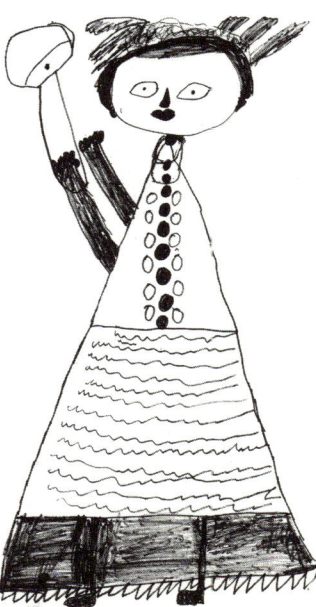

Abb. 2/3

3. Aufgabe

Bildnerische Probleme: Ausformung von Zeichen und deren Zusammenfügen im Zeichenzusammenhang einer flächenfüllenden Einzelfigur, Binnendifferenzierung
Mittel: Linie, Fläche
Verfahren: Farbige Zeichnung
Werkmittel: Tapetenreste 36 × 25 cm, Wachskreiden
Begriffe: spitzig, rund

Thema: Stacheligel

bb. 3/1

b. 3/2

Zur Aufgabe
(1. Schuljahr, Jungen/Mädchen)

Die Motivation der Aufgabe ist Kinderzeichnungen entnommen. So fügt z. B. schon ein Vierjähriger auf Abb. 3/1 einen Igel additiv aus einzelnen Zeichen für Rumpf, Kopf, Schwanz, Auge, Ohr, Schnauze und Beine aus den Grundformen von Rechteck, Dreieck, Kreis. Die zum Schluß hinzugefügte Zickzacklinie kennzeichnet den Igel eindeutig als Stacheltier.
Ein fünfeinhalbjähriger Junge zeichnet in Abb. 3/2 ein stämmiges Tier mit menschenähnlichem Gesicht als Igel. Dieser wird abschließend mit linearen Stachelhaaren ausgestattet, die sogar die Füße überziehen.
Der Kunstunterricht kann im 1. Schuljahr von diesem ursprünglichen kindlichen Zeichenbestand ausgehen, indem er die gestalthaften Merkmale des Igels, das *Rundliche* wie das *Stachelige* pointiert herausstellt. Hinzu kommt das Problem der Binnendifferenzierung innerhalb des Zeichenkomplexes Igel (das z. B. der Fünfeinhalbjährige teils durch Ausmalen mit Wasserfarben – auch zwischen den Beinen –, teils durch Einfügen der Buchstaben seines Namens in den Rumpf gelöst hat). Mit den farbigen Wachskreiden ist zusätzlich die Möglichkeit des Übergangs von der linearen Darstellung zur Flächenform gegeben. Das Figur-Grundproblem (vgl. 28. Aufgabe) wird dabei offengelassen, um die kindliche Arbeitsintensität zunächst in einem begrenzten Bereich zu erhalten.

Bericht über die Stunde
(2 Stunden)

Die Lehrerin leitete die Aufgabe mit den Versen eines Kinderliedchens ein: „Der Igel ist ein *Stacheltier* ganz *rundherum*, hat

Stacheln dort, hat Stacheln hier, *ganz rundherum!...*" Damit sind in scherzhafter Weise wesentliche Gestaltqualitäten ausgedrückt, ohne die Kinder durch zoologische Details zu verwirren.

Die durch das Thema akzentuierten Form- und Farbprobleme lenkten die Schüler bald auf das besondere Farbmaterial der Wachskreiden. In der Herstellung eines „Stachelkleides" wurden Möglichkeiten der farbig-flächigen Binnendifferenzierung entdeckt (vgl. „Federkleid", „Schuppenpanzer" u. ä. als Schlüsselworte bei anderen Themen, z. B. 30. und 4. Aufgabe). Der zur Erzielung gedeckter Farbflächen erforderliche, kräftige Wachskreidestrich erforderte einen erheblichen Kraftaufwand, der aber von den Kindern gerne geleistet wurde, um „schöne Farben" zu bekommen. Letzteres bewog auch den Großteil der Klasse, den Igel auf den grünen Grund einer Wiese zu setzen, die von einigen gewandten Zeichnern mit Blumen und Gräsern ausgestattet wurde.

Abb. 3/3

Bemerkenswert erscheint die direkte, verbale Beeinflussung der Zeichenfindung durch den Ausdruck „ganz rundherum". Ein Junge setzte ihn wortwörtlich in eine spiralig-zackige, kreissägeähnliche Form um (Abb. 3/6). Eine ähnliche Lösung zeigt auch Abb. 3/4. In beiden Arbeiten ist die *Stachelkugel* des Igels bildhaft ausgedrückt.

Erfahrungen

Die Zeichen der mittleren Kindheit erscheinen in den Schülerarbeiten in ausgeprägter Form wieder. Auch die additive Fügeweise ist beibehalten. Lediglich Abb. 3/5 zeigt Ansätze einer Weiterentwicklung. Die bei den meisten Kindern auftauchende steile Dreiecksform als Zeichen für Stacheln wurde allgemein übernommen. Sie kam der in der Klasse auffälligen Tendenz zu sauberem, flächigem Ausmalen entgegen. In der Reihung übereinanderliegender Streifen in Abb. 3/3 und in Umklappformen, Abb. 3/4, sind kindliche Lösungen der Umsetzung räumlicher Ordnungen in die Flächenform zu sehen.

Abb. 3/4

Abb. 3/5

Abb. 3/6

Methodisch-didaktische Alternativen

Das Dreieckszeichen der Stacheln und der rundlich-massige Tierkörper lassen an eine Ausführung des Themas als großformatiger Schwarzpapierschnitt im 3./4. Schuljahr denken. Die zackig-stachlige Silhouette bietet, wie auch die Binnendifferenzierung, Lösungsmöglichkeiten, die denen der 43. Aufgabe nahekommen könnten.

4. Aufgabe

Bildnerische Probleme: Ausformung und Differenzierung von Zeichen, Gliederungs- und Strukturtendenzen
Mittel: Linie, Fleck, Muster, Struktur
Verfahren: Tuschezeichnung
Werkmittel: Papierformat DIN A3, Tusche, 0,4 – 2 cm breite Pappstreifen
Begriffe: großformig, kleinformig, gezackt, geschuppt, verschiedene Strichstärke, zunehmende Strichstärke

Thema: Gallionsfigur

Zur Aufgabe
(4. Schuljahr, Jungen)

Abb. 4/1

In der Tuschezeichnung werden Formprobleme, wie sie in der 3. Aufgabe im 1. Schuljahr auftraten, aufgenommen und weiterverfolgt. Dabei sollen die Eigentümlichkeiten dieser Technik, die Besonderheiten ihrer Werkspur erkannt und artikuliert werden. Gleichzeitig geht es um die Einordnung ornamentaler Grundformen in eine ausdrucksbetonte Gesamtform.
Das Thema geht von der Vorstellung eines abschreckenden Kopfes an einem Schiffsbug aus, in Anlehnung an die Drachenköpfe am Vordersteven der Wikingerschiffe. Die derbe Schnitzerei einer Gallionsfigur aus dem Holzblock wird in der Aufgabe in ein ähnlich kräftiges, graphisches Lineament umgesetzt.

Bericht über die Stunde
(1 Doppelstunde)

Nach einer knappen Einführung, welche das oft Drohende, Abschreckende solcher Köpfe hervorhob, erprobten die Schüler vor allem die Handhabung der für sie unge-

wohnten Pappstreifen, deren kantig geschnittenes Ende in Tusche getaucht und über das Papier geführt werden sollte. Die Möglichkeiten eines flüssigen, zügigen Setzens von Formen im Wechsel von breiten und schmalen Linien, des großformigen Arbeitens mit der Werkspur wurden rasch erkannt und genutzt.

Abb. 4/2

Abb. 4/3

Erfahrungen

Die neue Technik ermöglichte gegenüber der bisher geübten Redisfedertechnik ein großzügigeres, abwechslungsreicheres Mustern und Strukturieren. Die sonst oft allzu schematisch gereihten Schuppen- und Zackenmuster wurden in das Spannungsgefüge der großen Kopfform einbezogen. Als Zeichen wurden vor allem Hörner, Zähne, zackige Kammrücken und große Augen ausgebildet (Abb. 4/1 – 4/3).

Weitere Themen

Erdkröte; aufgeblasener Schweinsfisch; ein grinsender Kürbiskopf.

Möglichkeiten der Bildbetrachtung

Mittelalterliche „Blecker", Konsolfiguren und Wasserspeier; Schmuck der Völkerwanderungszeit, geschnitzte Tierköpfe vom Osebergschiff, Negerplastiken, chinesische Papierschnitte und Schattenspielfiguren.

5. Aufgabe

Bildnerische Probleme: Ausformung von Zeichen durch Verwandlung von Material, Auswahl von geeigneten Formteilen, Verbindung der Teile zu einer flächenfüllenden Einzelfigur
Mittel: Farbfläche, Struktur
Verfahren: Collage
Werkmittel: Papierformat DIN A3, Ausschnitte aus farbigen Illustrierten und Katalogen, Klebstoff, Schere
Begriffe: zusammensetzen, verwandeln, Formen, Teile

Thema: Der Gemüsekönig

Zur Aufgabe
(2. Schuljahr, Jungen/Mädchen)

Das Thema wurde in freier Anlehnung an den „Gemüsekönig Daucus carota" aus einem Märchen von E. T. A. Hoffmann („Die Königsbraut") gewählt. Es grenzt die Überfülle möglicher Figurationen in der Collage ein und bietet der kindlichen Vorstellungskraft gewisse Anhaltspunkte. Der Begriff *Gemüse* impliziert das Vorhandensein eines geordneten Vorrats, eines „Gedächtnisses" von Formen. Im Finden und Aufgreifen der Materie liegt ein wesentliches kreatives Moment. Lernziel ist die Entwicklung der Umgestaltungsfähigkeit in der Umdeutung der ausgewählten Gegenstände zu menschlichen Körperteilen.

Bericht über die Stunde
(2 Stunden)

Die Zweitkläßler fanden zunächst die Vorstellung eines Herrschers über Gemüse und Früchte ganz allgemein „lustig". Sie probierten aber bald, sachlich interessiert, die verschiedensten Formteile aus, wobei sich innerhalb der Tischgruppen ein reger Austausch „brauchbarer" Zeitungsausschnitte anbahnte. Einigen intelligenzmäßig schwächeren Schülern spielte der Lehrer die Farbseiten einer Frauenzeitschrift mit farbigen Kochrezepten sowie den bunten Katalog einer Samengroßhandlung zu (vgl. 32. Aufgabe). Begabtere Kinder kommentierten lebhaft ihre Entdeckungen von „Spargelbeinen", einer „Salatkrone" u. ä.

Abb. 5/1

28

Abb. 5/2

Abb. 5/3

Erfahrungen

Die Klasse entdeckte, bei insgesamt recht ausgeglichenem Leistungsniveau, verhältnismäßig rasch das Prinzip der Collage. Bei „komischen" Zufallsergebnissen suchten manche Schüler anfangs noch die Bestätigung des Lehrers.

Auffällig war die Vorliebe vieler Kinder für die *Halbfertigteile* vorgefundener Formenensembles. So verwendete z. B. ein Junge eine runde Gemüsepizza als Rumpf und den Rand einer Tortenauflage aus Erdbeeren als Halskette für den Gemüsekönig. Der Kopf besteht aus der Füllung eines Früch-tebechers, der lediglich durch Hinzufügen einer Rübennase zum Gesicht umgedeutet wird (Abb. 5/1).

Methodisch-didaktische Alternativen

Gegenüber dem farbenfrohen Gemüsekönig wurde im 4. Schuljahr in der Motivierung eines „Waldgeistes" die Aufmerksamkeit der Schüler auf Strukturen von Landschaft, Baumschlag, Rinde u. ä. gelenkt. Die Abb. 5/2 und 5/3 zeigen ein Gefüge aus kleinformigen Teilen, wobei „zottig" als charakterisierendes Schlüsselwort zur Verständigung über das spezifische bildnerische Problem diente.

Die figurative Umdeutung eines bestimmten Vorrats von Gegenständen, Inhalten oder Strukturen, ähnlich den manieristischen Gemälden Arcimboldis, läßt der kindlichen Umgestaltungsfähigkeit genügend Spielraum, ohne sie ins Diffuse, Unverbindliche bloß „lustiger" oder „komischer" Bilderfindungen abgleiten zu lassen. Diese Gefahr kann in der Grundschule bei thematisch völlig offenen, freien Collagen bestehen (vgl. 38. Aufgabe).

Weitere Themen

Ein Mädchen wird in einen Baum verwandelt (Daphne); Baummensch (Abb. 5/4);

Wetterhexe; Feuerteufel; Wassermann; Vogelmensch (Papageno oder „Batman"); Maschinenmensch (Roboter, Abb. 5/5); Supersportler.

Möglichkeiten der Bildbetrachtung

Guiseppe Arcimboldi, „*Das Wasser*", 1566, Kunsthistorisches Museum Wien; ferner „*Das Feuer*", „*Der Sommer*", u. a.
Wandmalereien der mittelamerikanischen Maya mit Götter- und Priesterfiguren in Tier- und Federkostümen; Plakate der Nahrungs- und Genußmittelindustrie, sowie von Gartenbauausstellungen.

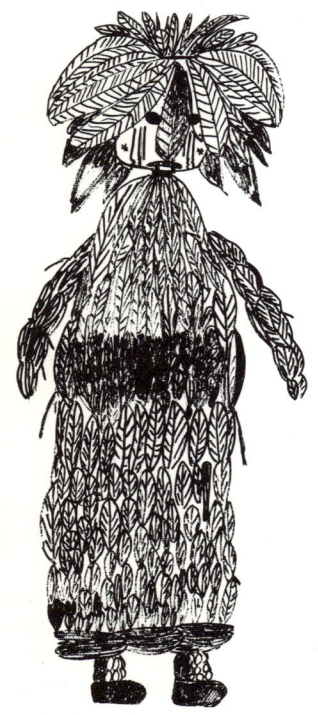

Abb. 5/4

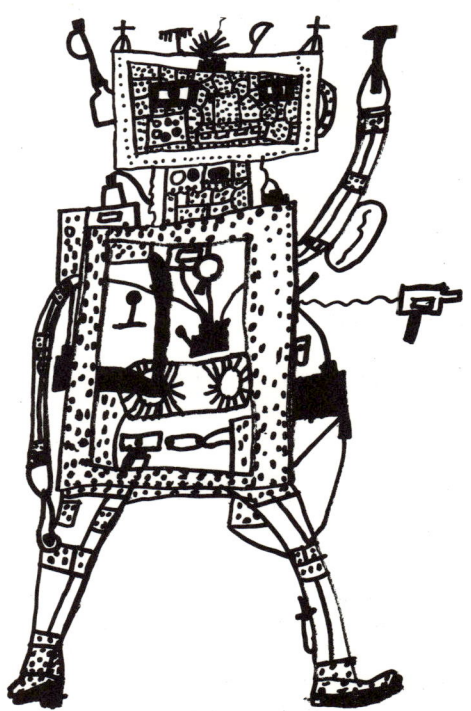

Abb. 5/5

Zuordnung von Bildzeichen

In den folgenden Aufgaben geht es vor allem um die Zuordnung der einzelnen Bildzeichen in ein Beziehungsgefüge. Wenn in den vorangehenden Aufgaben zur Ausformung und Differenzierung vor allem auf das Unterscheiden geachtet wurde, so erscheint jetzt das sinnvolle Zusammenfügen vorrangig.

Die Ordnung verschiedener Bildzeichen in einem Sinnzusammenhang ist dem Grundschulkind schon in dem *Zueinander,* in den Beziehungen von Gegenständen und Figuren vorgegeben. Aus dem zunächst vorwiegend passiven Beieinander kindlicher Bildzeichen können, vor allem in der figürlichen Darstellung, Formen aktiver Begegnung entstehen, die sich sehr oft in einem *Gegeneinander* handelnder Figuren ausdrücken. Aus dem additiven Nebeneinander lassen sich so allmählich differenziertere Fügeweisen entwickeln.

Diese bildnerische Grundsituation wird z. B. in den Gestalten von Kasper und dem Teufel ersichtlich, wenn sie sich auf der Handpuppenbühne in Aktion und Gegenaktion gegenüberstehen. Die Handlung vieler Märchen ist aus einer Reihe von Gegenüberstellungen heraus entwickelt, so z. B. im Märchen vom „Hans im Glück" oder in „Peter und der Wolf" (7. Aufgabe). Auch viele Umweltsituationen, denen der Grundschüler begegnet, sind entsprechend gegensätzlich angelegt, der Autozusammenstoß (12. Aufgabe) ebenso wie zahlreiche kindliche Spielhandlungen (u. a. 11. Aufgabe) mit Rollenvarianten von Gangster und Polizist, Cowboy und Indianer usw.

In der Beschränkung auf zwei Einzelfiguren läßt sich im Unterricht das Problem des gegenseitigen Aufeinanderbeziehens von Zeichen und Formen klar herausstellen. Mit

dieser bildnerischen Grundsituation ist auch der Übergang von der Darstellung von vorn zur Profilfigur zwingend motiviert. Angesichts der bei Grundschülern häufig anzutreffenden Entsprechung von expressiver Bedeutungsqualität und Größenordnung kann sich das Schwergewicht oft auf *eine* der aufeinander bezogenen Figuren oder Gegenstände verlagern; z. B. auf den Wolf, der die Ente verschluckt (Abb. 7/2 – 7/3), hier wiederum in der pointiert hervorgehobenen Einzelsituation.

In der Zuordnung von Bildzeichen liegt, wie in deren Ausformung, die Möglichkeit der Weiterentwicklung vor allem im Herausarbeiten des Bedeutungsvollen. In der Motivation des Drastischen, z. B. des Fressens und Gefressenwerdens (vgl. 6.–9. Aufgabe) wird, vor allem im intensiven Erleben, eine *wertende* Ordnung von Zeichen und damit Differenzierung angebahnt.

Das dort von vorwiegend emotionalen Aspekten bestimmte Beziehungsgefüge kann, in der zusätzlichen Motivation des Funktionalen (vgl. 8. und 10. Aufgabe), objektiviert und verfeinert werden. Hierbei spielen in steigendem Maße auch rationale, kognitive Momente eine Rolle.

Zunehmende visuelle Sensitivität – insbesondere die Fähigkeit zu feinerer Richtungsunterscheidung – ermöglicht die fortschreitende Differenzierung und Objektivierung in der Zuordnung von Zeichen.

Die Betrachtung entsprechender Kunstwerke hilft, den Schülern, über die eigenen Arbeiten hinaus, die Bedeutung von Zeichen und Zeichenverbindungen als Mittel visueller Kommunikation einsichtig zu machen. Die Schüler sollen lernen, daß mit bildnerischen Mitteln Aussage und Verständigung über Vorstellungen, Inhalte, Sachverhalte möglich ist (vgl. u. a. 9. Aufgabe).

6. Aufgabe

Bildnerische Probleme: Zuordnung zweier Figuren (Mensch und Tier) in Profildarstellung, Binnendifferenzierung und Strukturierung
Mittel: Linie
Verfahren: Linienzeichnung
Werkmittel: Zeichenblatt ca. 31 × 14 cm, wahlweise Füllfeder, Kugelschreiber, Filzstift
Begriffe: spitz, zackig

Thema: Das gefräßige Krokodil

Abb. 6/1

Zur Aufgabe
(1. Schuljahr, Jungen/Mädchen)

Die Motivation der Aufgabe ist der Kinderzeichnung eines Vierjährigen entnommen (Abb. 6/1). Dort erscheint vor allem die langgestreckte Form des Tierleibes sowie das geöffnete Maul (von vorn) mit vielen Zähnen ausgeprägt. In stärkster Richtungsunterscheidung wird ein Mann dazugesetzt. Die Aufgabe strebt für die Grundschule ein stärkeres Aufeinanderbeziehen beider Figuren mit möglichen Handlungsvarianten an.

Bericht über die Stunde (1 Stunde)

Die Einführung ging von den Versen eines Kinderliedchens aus, die moritatenhaft berichten: „... da kroch aus dem Nil ein riesengroßes Krokodil, sperrts Maul weit auf und frißt den armen Neger auf..." Die Frage, an welchen Merkmalen ein Krokodil zu erkennen sei, wurde mit „spitzen Zähnen" und „Schuppen" beantwortet.
In einer kurzen *Analyse* der Arbeitsergebnisse fragte der Lehrer, was denn beim Zeichnen dieser Aufgabe besonders wichtig gewesen sei. Die übereinstimmende Antwort lautete: „Wie das Krokodil mit seinen spitzen Zähnen etwas festhält."

Erfahrungen

Das langgestreckte Format kam der Darstellung des massigen Tierkörpers entgegen. Der meist senkrecht gestellte Mann wurde kleiner gezeichnet. Auf einigen Zeichnungen „rennt er", den Äußerungen der Kinder zufolge, „gerade davon". Häufig wurde das zahnbewehrte Krokodilmaul als gesonderte Form dem Kopf vorgesetzt (vgl. den Wolf Abb. 7/2). Es erscheint gegenüber

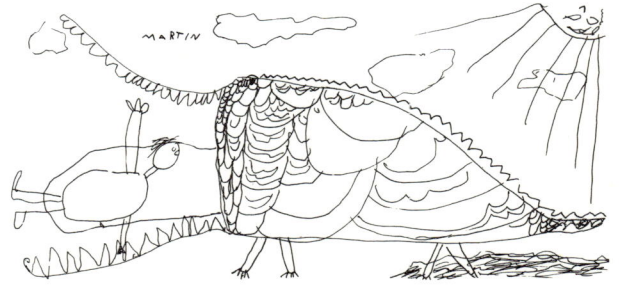

Abb. 6/2

dem Tierkörper unverhältnismäßig groß, „damit der Mann hineinpaßt". In einigen Fällen wurde der zunächst sehr schmal gezeichnete Leib, in Anpassung an das Maul, erheblich vergrößert. In dem abgebildeten Beispiel wollte ein Junge speziell zeigen, „wie der Mann dem Krokodil auf der Zunge liegt" (Abb. 6/2).

Weitere Themen

Jonas und der Walfisch; ein großer Fisch frißt einen kleinen

Abb. 7/1

Abb. 7/2

7. Aufgabe

Bildnerische Probleme: Zuordnung zweier verschieden großer Figuren, Betonung von Details: Schnauze, Ohren, Pfoten, Krallen, Flügel; Ausbildung der Fellstruktur und damit mögliche Helldunkelspannung
Mittel: Linie, Fleck
Verfahren: Zeichnung
Werkmittel: Papierformat DIN A4, wahlweise schwarze Kreide, Filzschreiber, Bleistift
Begriffe: spitzig, struppig, dunkel, Strich

Thema: Der Wolf frißt die Ente

Zur Aufgabe
(2. Schuljahr, Jungen/Mädchen)

Die Motivierung geht von einer Zeichnung eines Fünfjährigen aus (Abb. 7/1), der unter dem Eindruck des Musikstücks „Peter und der Wolf" von Prokofjew spontan Peter, die Ente und den Wolf (mit Bauch) gezeichnet hatte. Das Thema bietet gegenüber dem „Krokodil" des 1. Schuljahrs die Möglichkeit weiterer Differenzierung der Tierkörper von Vierfüßler und Vogel, Fell und Federn sowie der Darstellung ausgeprägter Spannungen von groß – klein und hell – dunkel im graphisch-flächigen Bereich. Der „große, graue Wolf" des musikalischen Märchens ist das dunkel-düstere Grundmotiv, das die kindliche Erlebnisfähigkeit unmittelbar ansprechen und zu spontanem graphischem Ausdruck führen soll.

Bericht über die Stunde
(1 Stunde)

Die Überlegung, welche Stelle des der Klasse bekannten Märchens „Peter und der Wolf" sich besonders gut zeichnen lasse, brachte von seiten der Schüler die Alternative: „wie der Wolf abtransportiert wird" und „wie der Wolf die Ente schnappt". Die meisten Kinder entschieden sich für die Szene, „wie der Wolf das Maul aufsperrt und die Ente gerade frißt".

Die abschließende *Analyse* der Arbeitsergebnisse brachte Einsichten in den Kontrast von groß und klein sowie die Konzentration auf die zwei Figuren. So wurde festgestellt, der Wolf sei so groß gezeichnet worden: „weil man sonst so viele andere Sachen zeichnen muß", weil man bei einem großen Wolf „das Maul und die Zähne" sowie die „Borsten" besser zeichnen könne. Anhand des graphischen Zeichens für Borsten („Striche, die Borsten sein sollen") wurde der Begriff des Strichs im Gegensatz zu Punkt und Linie erarbeitet.

Erfahrungen

In fast allen Arbeiten wurde der Fellstruktur des Wolfes die besondere Aufmerksamkeit zugewendet (Abb.7/2 und 7/3). Die dunkle runde Fläche auf Abb. 7/3 stellt den See dar, auf dem vorher die Ente geschwommen war. Eine Anregung, die Ente im Bauch des Wolfes zu zeichnen (als mögliche Röntgenform) wurde nicht aufgenommen.

8. Aufgabe

Bildnerische Probleme: Ordnung von Zeichen in einem Beziehungsgefüge, Betonung von Details: Fangarme, Stacheln, Klappen u. a.
Mittel: Linie
Verfahren: Linienzeichnung
Werkmittel: Papierformat ca. 18 × 18 cm, wahlweise Füllfeder, Kugelschreiber oder Filzstift
Begriffe: gebogen, geschwungen, Schlangenlinie, Zeichen

Thema: Fleischfressende Pflanze

Zur Aufgabe
(4. Schuljahr, Jungen/Mädchen)

In der 6. und 7. Aufgabe werden jeweils zwei, in ihrer Gestalt typische und relativ ausgeprägte Figuren aufeinander bezogen. Die „fleischfressende Pflanze", mit

Abb. 7/3

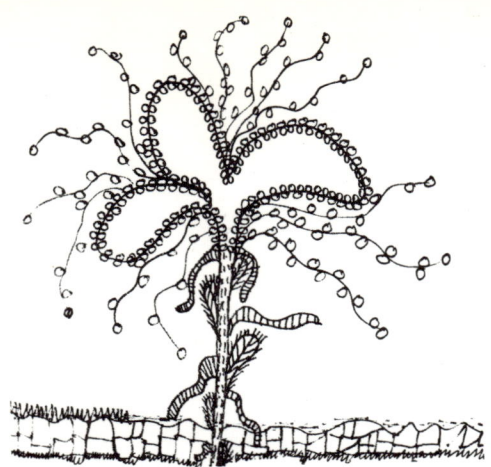

Abb. 8/1

Abb. 8/2

der sich beim Schüler ebenso diffuse wie phantastische Vorstellungen verbinden, bietet Anreiz zu vielfältigen Formerfindungen. Auch die Vorstellungen über die Beute dieser seltsamen Pflanze bleiben ziemlich offen. Das zunächst etwas abseitig erschei-

nende Thema bietet die Möglichkeit, Fangapparate mit allerlei Mechanismen zu erfinden und in ihrer Funktion zeichenhaft darzustellen. Zur möglichst genauen zeichnerischen Beschreibung soll zusätzlich noch ein kleiner Text gefunden werden.

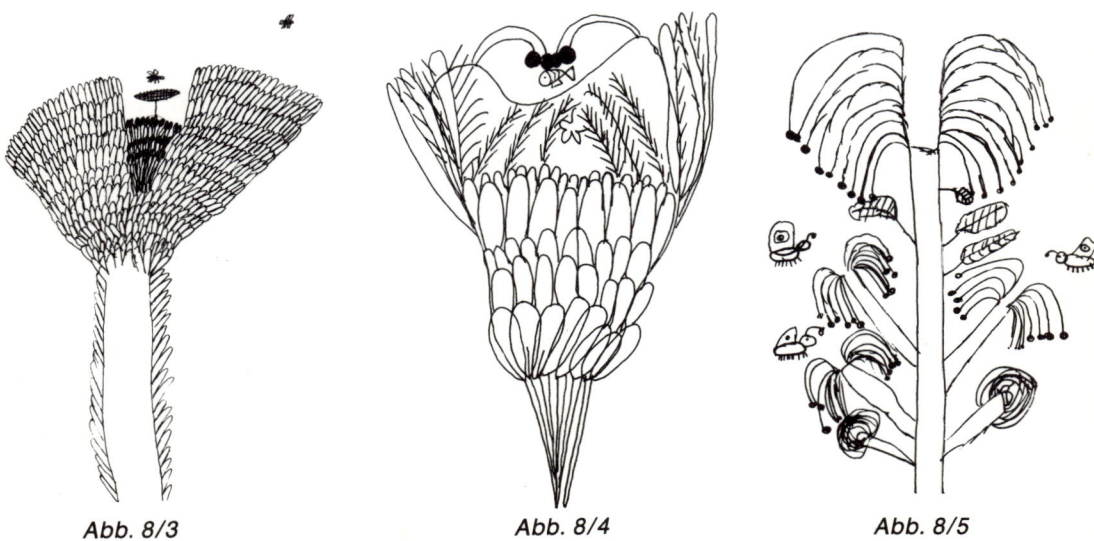

Abb. 8/3   Abb. 8/4   Abb. 8/5

Abb. 8/6

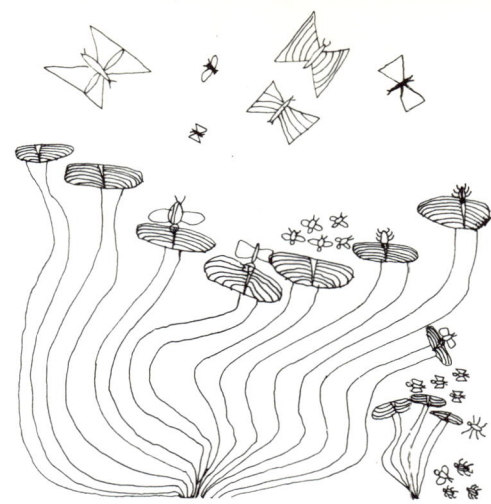

Abb. 8/7

Bericht über die Stunde
(1 Stunde)

Der Klasse war die Existenz fleischfressender Pflanzen weitgehend bekannt. Auf die Frage nach deren Vorkommen wurden das Meer („unter Wasser") sowie der Urwald angegeben. (Hier bestand ein gewisses Vorwissen aus Fernsehsendungen und Jugendzeitschriften.) Dies bot für die Kinder die Möglichkeit, sich verschiedenartige Beutetiere vorzustellen, Fische und Krebse ebenso wie Schmetterlinge, Käfer und andere Insekten. Die „fleischfressende Pflanze" erwies sich als ausgesprochenes Reizwort, das bei den Kindern Vorstellungen von „Klappen", „Saugknöpfen" (in der zeichenhaft recht fruchtbaren Verwechslung mit Saugnäpfen), „Schlingarmen" und „Fangarmen" auslöste, die wiederum zu vielfältigen graphischen Ausformungen führten.

In der abschließenden *Analyse* der Arbeitsergebnisse wurde versucht, anhand von zwei Arbeiten die semantische Dimension von Zeichen anzudeuten, ausgehend von der Frage, an welchen Merkmalen man das „Gefährliche" der Pflanze ablesen könne. Die Schüler sahen dies vor allem in den gewundenen Schlangenlinien der Fangarme (Abb. 8/1) und den Stacheln (Abb. 8/2). Im Vergleich mit einem Verkehrszeichen (Achtungzeichen für gefährliche Kurve) wurde der Begriff „Zeichen" erläutert: ein Zeichen, das man wie Buchstaben oder Wörter lesen kann, das auf etwas hinweist, das etwas zeigen kann.

Erfahrungen

Die Aufgabe, der Pflanze einen Namen zu geben und sie zu beschreiben, führte zu Benennungen wie „Kugelstachel", „Blütentierfresser", „Armfresser", „Fadenpflanze", „Schnapp-Pflanze", „Fransenmaul", „Schlingerling", „Saugwadelwisch". Zwei Jungen erfanden, völlig frei, eine „Maliana" und eine „Leomokoru".

36

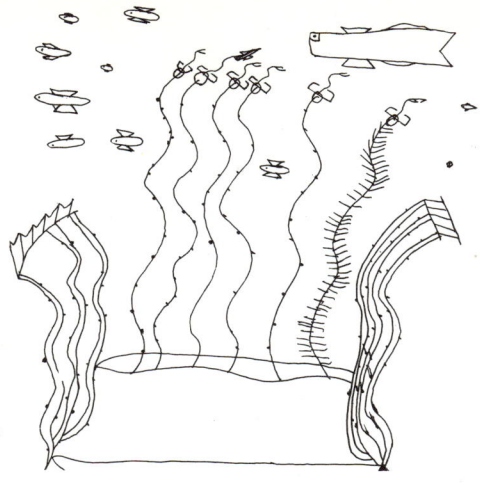

Abb. 8/8

Zu Abb. 8/3 lautet der Text: „Bestat(t)erpflanze, weil sie Fliegen oder Schmetterlinge anlogt. Erstens durch die Düfte, zweitens durch die Pracht. In der Mitte ist ein schöner anlogender Stern, aber hinter dem Stern sind Saugröhren."
Abb. 8/1: „Meine Blume soll heißen 1000 Töter. Und die geht so: Sie macht ihre Arme auf und macht sie schnell zu wenn sie was hat."
Die von einem Jungen erwähnten „Klappen" führten in einigen Beispielen zu graphisch reizvollen Insektenfallen (Abb. 8/7). Die recht originale Lösung eines Mädchens stattet die Fangfäden mit Spitzen und Widerhaken aus, mit denen ein sich nähernder Fisch harpuniert werden soll (Abb. 8/8). Über den emotionalen Aspekt hinaus zeigt sich hier ein rationales und funktionales Moment, das sich in mehreren Texten im Gebrauch des entsprechenden, bisher kaum verwendeten Fremdwortes äußert: Die Pflanze „fungsiuniert (fungzonirt, funzunird), wenn..."

9. Aufgabe

Bildnerische Probleme: Ordnung von Zeichen in einem Beziehungsgefüge; Einzelszene, eingebettet in ein Streifenbild in kulissenhafter Staffelung; Komplementär- und Qualitätskontrast
Mittel: Linie, Farbfleck, Farbfläche
Verfahren: Bildanalyse, Kunstbetrachtung anhand eines Farbdrucks aus dem Kunstkreis Verlag, Freudenstadt/Luzern

Henri Rousseau, „Urwaldlandschaft", Kunstmuseum, Basel

Zur Aufgabe
(4. Schuljahr, Jungen/Mädchen)

Das Bild eignet sich für die Betrachtung in fast allen Altersstufen. Im Anschluß an die 8. Aufgabe sollte das Augenmerk auf das dichte, netzartige Gefüge von Formen und Bildzeichen gerichtet werden. (Demgegenüber könnten farbige Probleme hintangestellt werden.)
Das vom Zöllner Rousseau sehr eigenwillig gesehene Urwaldbild verweist auf das Unheimliche, „Gefährliche" dieser Landschaft. Dies läßt sich zunächst recht vordergründig ablesen in der Figurengruppe eines Schwarzen, der mit einem Leoparden kämpft. Die Einbettung der Vordergrundszene in den tiefgrünen Grund, das pflanzliche Überwuchern dieser Episode mit spitzigen, gitterigen Formen und scharfen Farbkontrasten deutet auf die beherrschende Rolle des Urwalds hin.

Bericht über die Stunde (20 Minuten)

Die Schüler bezogen das Bild direkt auf die vorausgegangene Aufgabe mit dem Hinweis, es seien auch fleischfressende Pflanzen zu sehen: „Hier, die großen Blüten." – „Da sind auch so Schlingblätter dran..., die sind verführerisch, weil sie schön sind; weil sie schöne Farben haben." – „Sie sind schön, weil sie Tiere und Menschen anlocken!"

Erst nach den Blüten wurde die Figurengruppe bemerkt und festgestellt: „Da ist ein Raubtier,... ein Leopard." – „Der Leopard frißt den Neger, der wehrt sich." – „Er wendet sich ab, er hat ein Messer!"

Die Frage, was denn insgesamt auf dem Bild zu sehen sei, wurde zunächst recht oberflächlich mit den Begriffen „Gestrüpp" und „Urwald" abgetan. Auf den Impuls, der Urwald wirke doch recht seltsam, fragte ein Mädchen nach dem „großen, roten Runden", das von den Jungen als „eine untergehende Sonne" gedeutet wurde.

Der weitere Impuls, aus dem Bild könne man noch viel mehr ablesen, man könne sogar sagen, ob es in diesem Urwald laut oder leise sei, brachte die Klasse zu folgenden Überlegungen: „Es ist still." – „Es ist Abend ... da ist es still und gefährlich!" – „Um so stiller, um so gefährlicher!"

Auf den Hinweis, daß man in der Stille jedes Rascheln hören könne, und auf die Frage, wo es wohl auf dem Bild unruhig sei, kamen die Antworten: „Bei dem Mensch und dem Tier." – „Am Baum,... an den Zweigen links hinter der Sonne." – „Die Blätter reiben sich, sie rascheln,... sie verschränken sich." Die Frage, woran man bei „verschränkten Blättern und Zweigen" denken könne, brachte die Assoziation von Gitter, Gefängnis: „Als Warnung für den Neger!" – „Damit man nicht hineinkommt." – „Nein, damit man nicht herauskommt!"

Die Bemerkung des Lehrers, Henri Rousseau habe auf diesem Bild sehr vieles nicht so gemalt, wie es in Wirklichkeit aussehe, ließ die Kinder feststellen: „Der Maler hat breitere und längere Blätter gemalt, ...damit es unheimlicher wird." Auf die Frage, was denn sonst noch übermäßig groß oder klein gemalt sei, wiesen sie auf die großen Pflanzen und Bäume sowie auf die kleine Mensch-Tier-Gruppe hin: „Der Maler will zeigen, daß die Pflanzen stärker sind." – „Daß der Urwald schön, aber gefährlich ist... daß man nicht mehr herauskommt!"

Mit diesen letzten Sätzen ist die grundlegende Einsicht angebahnt, daß es, nach Klee, bei Kunstwerken nicht so sehr um die Wiedergabe des Sichtbaren, sondern um das Sichtbarmachen geht.

Methodisch-didaktische Alternative

Kunstbetrachtung: Paul Klee, „Unterwassergarten", 1939, Bern (Farbdruck Kunstkreis Verlag, Freudenstadt/Luzern).
Bildnerische Probleme: Ordnung von Zeichen in einem Beziehungsgefüge, farbiger Quantitätskontrast

10. Aufgabe

Bildnerische Probleme: Zuordnung und Differenzierung von Zeichen (Eier, Nest, Zweige, Blätter, Vogel)
Mittel: Linie, Struktur
Verfahren: Linienzeichnung
Werkmittel: Papierformat DIN A4, Kugelschreiber, Füllfeder
Begriffe: innen, außen, rund herum, Hülle

Thema: Vogelnest

Zur Aufgabe
(2. Schuljahr, Jungen/Mädchen)

Das oft bearbeitete sachunterrichtliche Thema ist für den Kunstunterricht ergiebig, wenn es unter primär bildnerischen Gesichtspunkten gesehen wird. In der Aufgabe geht es vorrangig darum, das Gefüge des Nestes in ein Gefüge von Zeichen umzusetzen und graphisch zu strukturieren. Der Gedanke einer schützenden, bergenden Hülle könnte dabei die bildhafte Vorstellung anregen: Die jungen Vögel sind zuerst von der Schale des Eies, dann von dem weich gepolsterten, nach außen zu immer fester und kräftiger gefügten Nest und schließlich von einer schützenden Hülle von Blättern und Zweigen umgeben. Während sich der optisch-physische Gegenstand Nest dem Kind zunächst wohl eher als diffuse, verwirrende Vielfalt von Zweigen, Gräsern und Federchen darbietet, ist hier der Gedanke einer immanenten Ordnung herausgestellt, die sich in Zeichen artikulieren läßt und die auch in der *nachfolgenden* Betrachtung eines Vogelnests im naturkundlichen Sachunterricht wahrgenommen werden kann.

Bericht über die Stunde
(1 Stunde)

Die Einführung der Aufgabe ging von der Überlegung aus, daß die Eier und jungen Vögel in vielfacher Weise geschützt werden müßten. Die Schüler dachten dabei an Schutz gegen Sonne und Regen, gegen Kälte, gegen Katzen und neugierige Men-

Abb. 10/1

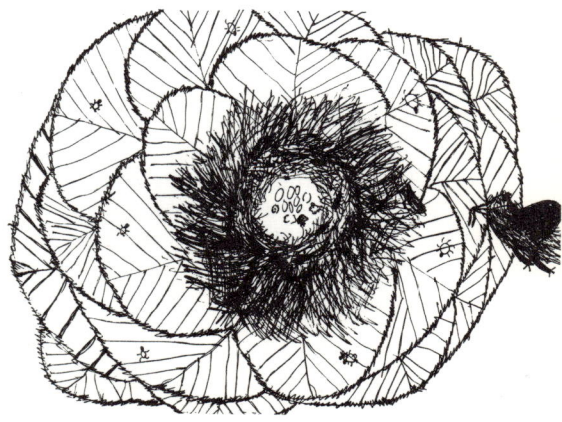

Abb. 10/2

Abb. 10/3   Abb. 10/4

schen. Auf die Frage, wie man denn so ein geschütztes Nest zeichnen könne, schlugen sie „kleine Federchen *drumherum,* Gräser und kleine Ästchen" vor, dazu „*ringsherum* viele Blätter und Zweige". Die Anregung, Eier und Nest sorgfältig und dicht einzuhüllen, führte zu sorgfältigem und überlegtem graphischem Strukturieren.

Erfahrungen

Den Überlegungen der Einführung entsprechend setzten die meisten Kinder die Eier oder die jungen, ausgeschlüpften Vögel in die Mitte des Blattes und legten darum konzentrisch mehrere Schichten, wie dies Abb. 10/1 und 10/2 zeigen. Die Vogelnester wurden dadurch großformig und gleichzeitig detailliert aus verschiedenen graphischen Strukturen entwickelt. Dies ist auch aus Abb. 10/3 und 10/4 zu ersehen, in denen das Nest als Halbkreis oder Schalenform angelegt ist. Nur sehr wenige Kinder begannen mit dem Baum, in den dann verhältnismäßig klein das Nest eingezeichnet wurde. Vogeldarstellungen blieben – bis auf wenige Ausnahmen, in denen eine brütende Vogelmutter gezeichnet wurde – abschließende Beifügung.

Weitere Themen

Der Hase sitzt im Blätterhaus; das kleine Schweinchen baut sich ein Strohhaus und schläft darin (aus dem englischen Märchen von den drei kleinen Schweinchen).

11. Aufgabe

Bildnerische Probleme: Zuordnung zweier Profilfiguren, Verdichtung und Auflösung, Überschneidung
Mittel: Linie, Kontur, Musterung
Verfahren: Federzeichnung

Abb. 11/1

Abb. 11/2

Begriffe: Umriß, durchsichtig, undurchsichtig

Thema: Zwei Kinder machen Seifenblasen

Zur Aufgabe
(4. Schuljahr, Sonderschule, Jungen/Mädchen)

Die Zuordnung zweier Figuren (Links- und Rechtsprofil) fördert die Erfahrung in Bezug auf Silhouette und differenzierte Kontur. In dem gegenseitigen Zupusten von Seifenblasen sind Anlässe zur Gruppierung und zur überschneidenden Darstellung der durchsichtigen Seifenblasen gegeben. Diese kontrastieren zu den festen, undurchsichtigen Körpern der Kinder.

Bericht über die Stunde
(1 Stunde)

Die Einführung der Aufgabe bot keine besonderen Schwierigkeiten. Möglichkeiten der Unterscheidung von großen und kleinen Seifenblasen, ihrer fortschreitenden Bewegung in aufsteigenden Ketten und Reihen wurden rasch erkannt, dagegen wurden Probleme der Verdichtung nur von einem kleinen Teil der Klasse gelöst.

Erfahrungen

Die Differenzierung der menschlichen Figur sowie die Ausbildung verschiedener Muster wurde recht abwechslungsreich durchgeführt. Ein Teil der Schüler bewältigte das Problem der Überschneidung wie in Abb. 11/1, die übrigen gruppierten die Seifenblasen auf der Fläche, wobei das ganze Bildformat einbezogen wurde (Abb. 11/2).

12. Aufgabe

Bildnerische Probleme: Ordnung von Bildzeichen in einem größeren, zusammenhän-
genden Beziehungsgefüge, Einteilung eines Handlungsablaufs in Einzelbilder
Mittel: Linie, Fleck
Verfahren: Linienzeichnung
Werkmittel: Papierstreifen 35 × 14,2 cm,
wahlweise Filzstift, Füllfeder, Kugelschreiber
Begriffe: Zeichen, Bildgeschichte, Einzelbild, Ausschnitt

Thema: Bildgeschichte eines Autounfalls

Zur Aufgabe
(3. Schuljahr, Jungen/Mädchen)

Mit der Aufgabe, eine Bildgeschichte zu
zeichnen, sollen Überlegungen über die
besonderen Merkmale von Comic strips
angeregt werden. Damit sollen Einsichten
im Bereich der nichtverbalen, visuellen
Kommunikation, der Mitteilung durch Bildzeichen angebahnt werden. Der schmale

Abb. 12/1

Bildstreifen erleichtert die Aneinanderrei-
hung einzelner Bilder.

Bericht über die Stunde (2 Stunden)

Mit dem einleitenden Begriff „Bildgeschichte" verbanden die Kinder sofort die
Vorstellung: „Viele Bilder hintereinander,
wie bei den Mickymausheften." Ein kurzer
Blick in ein solches Heft zeigte die Einteilung in „Kästchen".

Abb. 12/2

Abb. 12/3

Nachdem zunächst durch Halbierung des Blattes zwei schmale Streifen vorbereitet waren, gab der Lehrer als thematische Ausgangssituation die Stichworte: „Regenmorgen, Autoverkehr auf einer schlüpfrigen Straße, eine Kreuzung, eine Ampel schaltet gerade auf Rot…" Sofort ergänzt ein Junge: „…und dann fährt noch ein Auto weiter, und dann kracht's!"

Der Lehrer fordert die Klasse auf, von hier ab die Geschichte des Autozusammenstoßes in einzelnen Bildern zu zeichnen. Auf seine Anregung hin, sich mit dem ersten Bild auch gleich das nächste zu überlegen, wurde ein Telefonhäuschen erwähnt, „wo einer die Polizei anruft". Im folgenden zeichneten die Kinder sichtlich angeregt und recht selbständig. Ein Junge achtete in seinen weiteren Szenen sorgfältig auf den Regen (vgl. 23. Aufgabe), erklärte dann aber: „Wenn der Streifenwagen kommt, hört der Regen auf!"

Die zweite Stunde wurde mit der Betrachtung einer Seite aus einer Wildwest-Bildergeschichte eingeleitet. Im Vergleich zur eigenen Arbeit stellten die Kinder dort die Sprechblasen fest. („Damit man weiß, was die sagen.") Anschließend wurde beobachtet: „Manchmal sind *viele* Leute ganz *klein*, dann ist wieder *einer* ganz *groß*… nur sein Kopf!"

Hieraus ließen sich die Begriffe „Ausschnitt" und „Bildwechsel" ableiten. Als Ergebnis der Betrachtung wurde festgehalten, daß in einer Bildgeschichte das jeweils Wichtigste groß und deutlich gezeigt wird. Die Schüler fanden dies z. B. an einem Einzelbild bestätigt, das die zwei am Unfall beteiligten Autofahrer hervorhebt. Ein Junge stellte dort die ausgestreckten Arme fest, „als Zeichen, daß sie sich streiten" (Abb. 12/1); und in Abb. 12/2 links oben *dynamische Zeichen*: „Striche als Zeichen, daß es kracht!"

Erfahrungen

Die Schüler hielten während der zwei Stunden recht konsequent an dem von ihnen entwickelten Zeichenrepertoire fest. In Abb. 12/3 schildert ein Junge folgerichtig die Zeugenvernehmung durch einen Polizi-

Abb. 12/4 a

Abb. 12/4 b

sten, das Vermessen der Bremsspur, das Abschleppen des Unfallwagens und schließlich das Zusammenkehren der Glasscherben.

In einigen Arbeiten blieb es beim Gesamtbild, ohne die Aufgliederung in Einzelszenen. Mehrere Arbeiten begnügten sich in den Einzelbildern mit der gleichbleibenden Totale der Straßenkreuzung und jeweils leicht veränderten, kleinen Figürchen.

Das Interesse der Schüler an der Aufgabe zeigte sich daran, daß sie sich anschließend weitere Aufgaben ausdachten. Ein Junge zeichnete eine frei erfundene Geschichte („Der Talerregen") mit Sprechblasen, in der ein Mann und eine Frau durch einen Talerregen zu Geld kommen. Auf dem Heimweg wird es ihnen durch einen Räuber wieder abgenommen (Abb. 12/4 a–c).

Weitere Themen

Der Sheriff fängt den Pferdedieb; die Bildgeschichte vom Hasen und dem Igel; die Bildgeschichte von Daumerlings Wanderschaft (vgl. 24. Aufgabe).

Herr D-Mark und Herr Pfennig (Münz-Frottage im Durchreibeverfahren) beginnen einen Wettstreit; Herr Kork schwimmt immer oben (mit einem Flaschenkork gestempelt); Supermann (Zauberer) sendet einen Bannstrahl aus; Aufstieg und Bruchlandung der Seifenkisten-Flugmaschine.

Abb. 12/4 c

Gruppierung
von Bildelementen

Die folgenden Aufgabenreihen befassen sich vorwiegend mit Ordnungsprinzipien, nach denen Zeichen als Bildelemente in einen syntaktischen Bild- oder Zeichenzusammenhang gebracht werden können. Ausgangspunkt für den Unterricht sind Ordnungsgefüge, die schon das vorschulpflichtige Kind ganz selbstverständlich herstellt: Setzung, Streuung und Reihung auf der Fläche.

Der Grundschüler sieht solche Ordnungsgefüge vorwiegend unter dem semantischen Aspekt des Themas (z. B. 15. Aufgabe). Im Kunstunterricht lernt er, über den gegenständlich-inhaltlichen Bezug hinaus, Streuung und Reihung als eigenständige Ordnungstendenzen kennen. Später (etwa ab dem 3. Schuljahr) vermag er darüber hinaus auch differenziertere Ordnungsgefüge wie Ballung, Verdichtung und Auflösung, Asymmetrie u. a. zu erfassen und herzustellen. Auch hier bedeutet das jeweilige Thema eine wesentliche Hilfe für die Motivierung und Steuerung des Vorgangs der Gruppenbildung.

Die Gruppierung von Bildelementen läßt sich insbesondere mit kleinen und kleinsten Teilen durchführen. Auf dem Weg der Synthese vieler ähnlicher oder gleichartiger Teilformen entstehen Bildstrukturen und schließlich gestalthafte Bildorganismen. Paul Klee spricht in diesem Zusammenhang von einem Hauptgegensatz dividuell – individuell, in dem das unübersichtliche, beliebig vermehrbare Dividuum erst als strukturaler Rhythmus übersehbare Gestalt und Bedeutung erhält.

In einigen Aufgaben sind viele, gleichartige Einzelzeichen (Abb. 14/7) in ihrer Individualität zugunsten einer dominierenden, individuellen Gruppierung aufgehoben (u. a. 14. oder 15. Aufgabe). In anderen Aufgaben entsteht individuelle Gestalt aus der Strukturierung offener Zeichen, einfachster Formzeichen, die vereinzelt keine selbständige Bedeutung haben (18. oder 42. Aufgabe). In solchen strukturalen Rhythmen von niedrigstem Entwicklungsgrad wird der Vorgang des Gruppierens dem Schüler besonders einsichtig. Hier lernt er strukturieren, d. h. Teile und Elemente sinnvoll und funktionsgerecht anordnen und zueinander in Beziehung setzen, ohne durch komplizierte Einzelformen abgelenkt zu werden.

Es sei jedoch erwähnt, daß auch in diesen Aufgaben eine zunächst gegenstandsbezogene Motivation die bildnerische Realisierung wesentlich zu unterstützen vermochte.

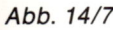

Abb. 14/7

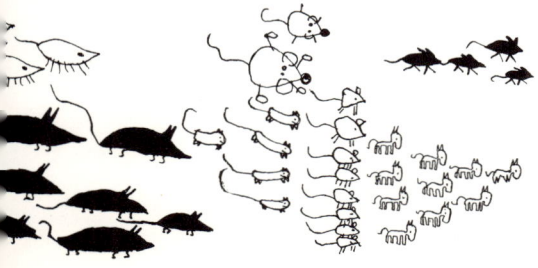

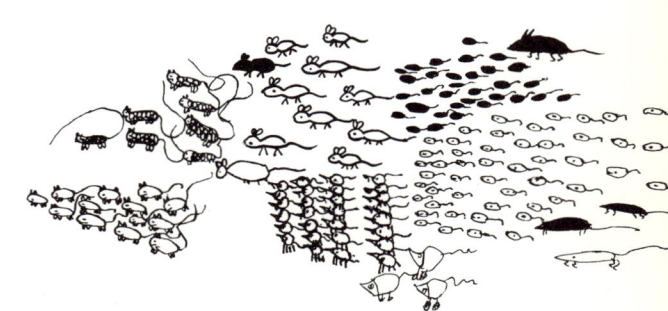

13. Aufgabe

Bildnerische Probleme: Zuordnung von Formzeichen (Maikäfer und Blätter), Richtungsdifferenzierung, Akzentuierung einzelner Bildteile durch Verdichtung, Übergang von der Streuung zur Gruppenbildung
Mittel: Linie
Verfahren: Linienzeichnung
Werkmittel: Papierformat DIN A5, Füllfeder
Begriffe: oben, unten, links, rechts, Richtung, Haufen

Thema: Maikäfer krabbeln aus der Schachtel

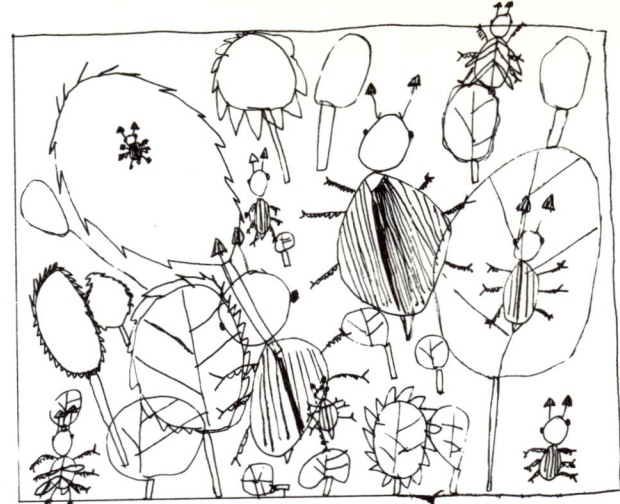

Abb. 13/1

Zur Aufgabe
(2. Schuljahr, Jungen/Mädchen)

Das Thema verweist auf einen Handlungsablauf, in dem die einzelnen Bildformen in ein ganz bestimmtes Richtungs- und Beziehungsgefüge gebracht werden sollen. Die Schachtel bleibt in dieser Altersstufe noch unräumlich-lineare Umgrenzung, innerhalb derer Maikäfer und Blätter als Streuformen ausgebreitet werden. Darüber hinaus ist in dem *Herauskrabbeln* ein Anreiz zu bewußter Richtungsdifferenzierung und möglicher Gruppierung gegeben. Erste Ansätze zu Überschneidungen sind nicht ausgeschlossen.

Bericht über die Stunde
(1 Stunde)

Die Einführung ging, jahreszeitlich motiviert, von einer „Schachtel mit vielen Löchern im Deckel" aus. Sie führte schnell zum Motiv des Maikäfers. Die Frage: „Manchmal sieht man in der Schachtel zunächst nur angefressene Blätter, wo mögen da wohl die Käfer stecken?", führte zu verschiedenen Vermutungen: „Die haben sich versteckt." – „Die sitzen unter den Blättern." – „Die hocken da auf einem Haufen zusammen." Die Frage, was wohl geschehe, wenn man den Deckel offenlasse und die Blätter aufdecke, brachte Überle-

Abb. 13/2

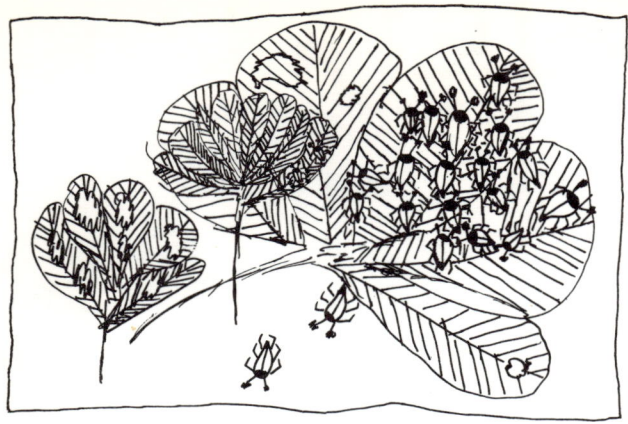

Abb. 13/3

gungen wie: „Die laufen nach allen Seiten weg... die wollen schnell raus!"
Die Reizworte „Gekrabbel", „Gewusel" unterstützten in ihrem emotionalen Gehalt die Realisierung entsprechender Vorstellungen. Sie zielten gleichzeitig auf eine graphisch artikulierte Niederschrift.
In der *Analyse* der Arbeitsergebnisse wurden anhand einiger Zeichnungen die Be-

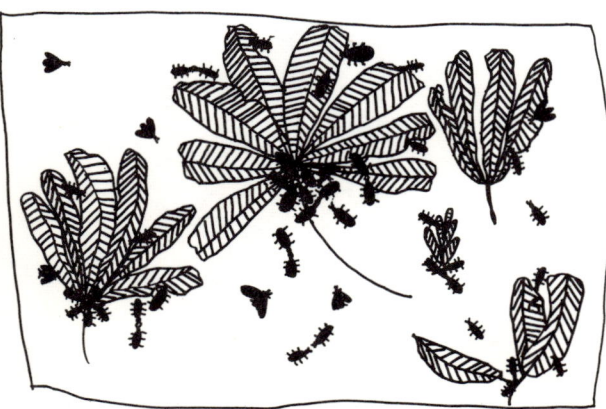

Abb. 13/4

griffe „Haufen", „verschiedene Richtungen" und „nach allen Seiten auseinander" angesprochen.

Erfahrungen

Die Aufgabe einer Zuordnung von Formen und Zeichen wurde unterschiedlich gelöst, vom wenig differenzierten Streubild aus einfachen Zeichen bis zur bewußten Gruppierung und Überschneidung als räumlicher Zuordnung. Obwohl in der Stunde auf gegenständliche Merkmale von Maikäfern nicht eingegangen worden war, konnte in der Beschränkung auf das Mittel der Linie bei vielen Schülern eine betont graphische Artikulierung und Differenzierung von Einzelformen festgestellt werden (z. B. Käferbeine; Rippen, Adern und Fraßstellen der Blätter).
Abb. 13/1 zeigt eine graphisch reizvolle Anordnung von Streuformen, ohne daß darüber hinaus ein Handlungsablauf angedeutet wäre. Im Abb. 13/2 sitzen die Käfer als geschlossene Gruppe in der Bildmitte und suchen von dort aus das Weite.

Methodisch-didaktische Alternativen

Mehrere Maikäfer haben ein besonders saftiges Blatt entdeckt, fressen und sitzen darauf, daran und darunter (Abb. 13/3 und 13/4, 3. Schuljahr). Hier ist die Konzentration auf ein Zentrum mit möglichen Überschneidungen vorrangig. Anschließend die Betrachtung eines Pflanzenstichs mit Käfern, Raupen und Schmetterlingen von Maria Sibylla Merian.

Weitere Themen

Honigernte am Blütenzweig, ein Raubvogel stürzt sich in einen Spatzenschwarm.

14. Aufgabe

Bildnerische Probleme: Gruppierung, Konzentrierung von kleinen Formen auf ein großes Formgebilde, Akzentuierung einzelner Formbestandteile durch Verdichtung, vielfältige Möglichkeiten von Reihung und Streuung
Mittel: Linie, Fleck
Verfahren: Linienzeichnung, teilweise Flächen
Werkmittel: Papierformat DIN A4, wahlweise Kugelschreiber, Filzstift, Füllfeder
Begriffe: Schwarm, Schar, Reihe, Gruppe, zur Mitte hin

Thema: Der Rattenfänger lockt Ratten und Mäuse

Abb. 14/1

Abb. 14/2

Abb. 14/3

Zur Aufgabe
(4. Schuljahr, Jungen/Mädchen)

In der Aufgabe ist die Figur des Rattenfängers Anlaß und Kristallisationskern sich entwickelnder Bildordnungen. Auf dieses Zentrum hin können vielfältige Ansätze und Möglichkeiten von Gruppierung bezogen werden. Die Aufgabe bietet damit einen gewissen Kontrast zu den zentrifugalen Gruppierungstendenzen der 13. Aufgabe.

Bericht über die Stunde
(1 Stunde)

„Der Rattenfänger von Hameln" war der Klasse als Lesestück bekannt. Das bot die Möglichkeit, einleitend zu fragen, welche Szene man gut zeichnen könnte. Eine Schülerantwort: „Wie der" (Rattenfänger) „nachts auf dem Marktplatz steht und die Ratten überall aus ihren Häusern herauskommen...", brachte eine brauchbare For-

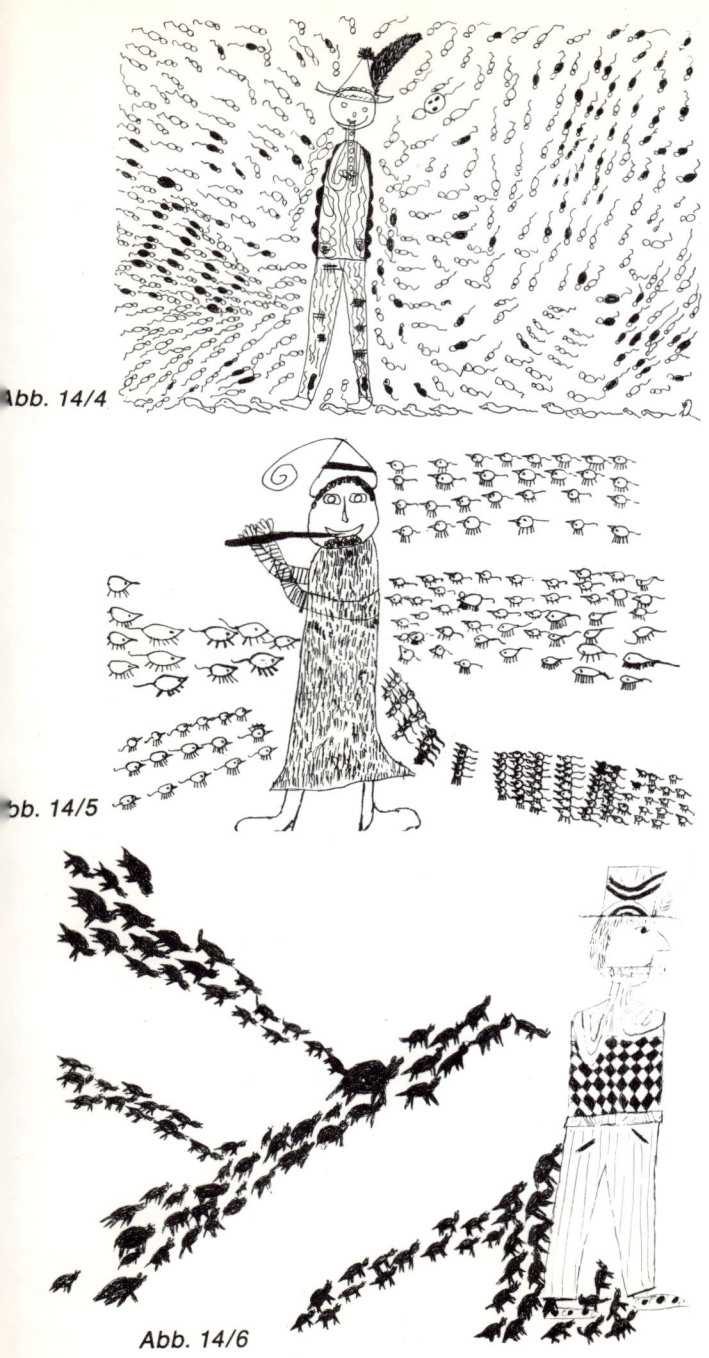

Abb. 14/4

Abb. 14/5

Abb. 14/6

mulierung des Themas in,einer auf das Unterrichtsziel verweisenden Motivation. Eine kurze Einstimmung des Lehrers wies noch einmal auf die weite, leere Fläche des nächtlichen Platzes hin, auf die in dessen Mitte hoch aufragende Gestalt des Rattenfängers, die vorsichtige Annäherung erst von einer, dann von zwei, dann vielleicht schon von vier Ratten... Dies reizte einen Jungen zur spontanen Fortsetzung der arithmetischen Reihe ,,... dann acht und dann sechzehn Ratten.'' Ein anderer bemerkte hierzu: ,,Das sieht dann aus wie ein Keil.'' Er setzte damit in seiner Vorstellung die Mengen in eine bestimmte Bildform um. Auf die Frage eines Mädchens nach dem Aussehen des Rattenfängers wurde vom Lehrer nur der Hinweis gegeben, dieser sei der Sage zufolge den Leuten *fremdartig* vorgekommen. Es blieb hier der kindlichen Phantasie ein großer Spielraum. Lediglich das Trillern auf der Rattenpfeife war vorher durch entsprechende Gestik hervorgehoben worden. In der charakterisierenden Aufzählung der *schwarzen* Ratten, der *großen, grauen* Ratten, der *dicken* Mäuse aus der Bäckerei und der ,,armen Kirchenmäuse'' wurde eine gewisse Differenzierung der Tierformen beabsichtigt.

Die abschließende *Analyse* der Arbeitsergebnisse erfolgte anhand weniger signifikanter Beispiele. Die Frage, wie sich denn auf den Zeichnungen die Ratten und Mäuse versammelt hätten, brachte die Antworten: ,,Wie ein Schwarm.'' – ,,In der Reihe.'' – ,,Sie kommen scharenweise daher.'' – ,,Sie kommen immer in einer Gruppe.'' Die Frage, was das Besondere an einer Gruppe sei, wurde von den Kindern am konkreten Fall der Aufgabe erörtert: ,,... daß es mehrere Ratten sind.'' Auf den Hinweis, daß dies nicht das einzige Merkmal einer Gruppe sei, kamen die Einsichten: ,,Man muß noch

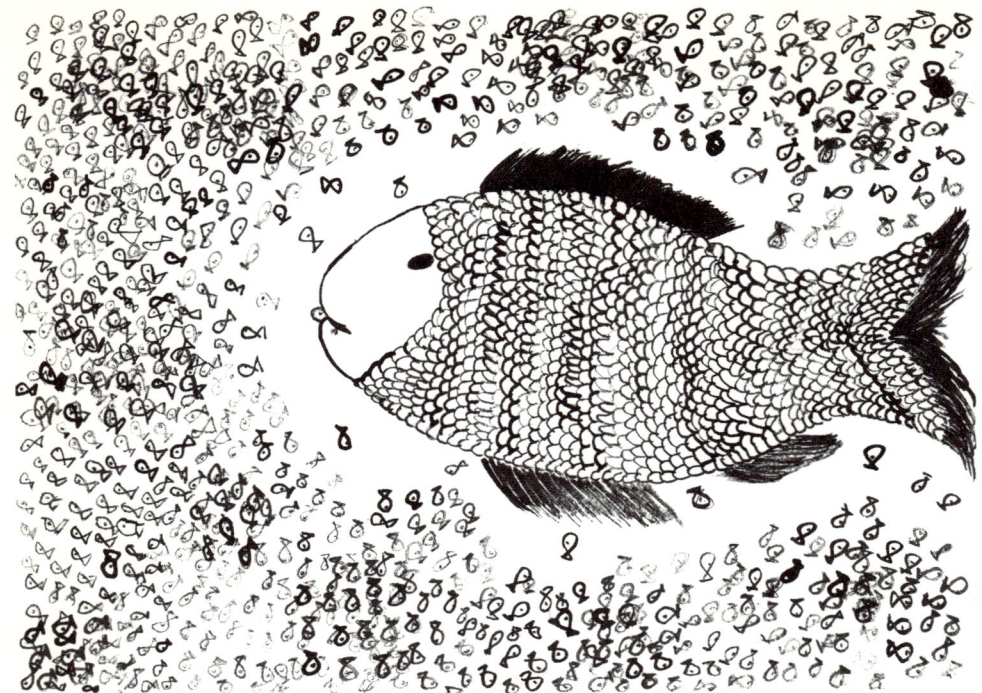

Abb. 14/8

einige Ratten dazwischen zeichnen." –
„Sie kommen ganz eng beieinander." – „...
wenn alle nacheinander ankommen." – „Es
muß eine *Ordnung* dabeisein!"

Erfahrungen

Die Figur des Rattenfängers bildete bei fast
allen Kindern den Ausgangspunkt ihrer
Zeichnung, dem sich dann die kleinen Formen der Tiere angliederten. „Gewimmel"
und „Gewusel" provozierten als Wortsignale emotional bestimmte Vorstellungen,
die zu entsprechenden Bildlösungen führten. Der in der Einführung anklingende Gedanke der Vervielfältigung in Form einer
arithmetischen Reihe wurde von mehreren

Schülern aufgegriffen (Abb. 14/1 und
14/2), wie überhaupt die Gruppierung
durch ausgeprägte Reihung – die dem
Handlungsablauf nicht von vornherein zu
entnehmen ist – überraschend oft festzustellen war (Abb. 14/5). Es könnte dies einer
altersspezifischen Tendenz zu sauberer,
exakter Gliederung entspringen. Zeichnungen aus dem 2. Schuljahr zum selben
Thema zeigten in ähnlicher Weise wie die
Abb. 14/4 Flächenfüllung mit wenig differenzierten Streuformen, doch zeichnet sich
das abgebildete Beispiel aus dem 4. Schuljahr durch das Setzen von schwarzen
Fleckformen und einen recht lebendigen
Bildrhythmus aus.
In vielen Arbeiten konnte eine Diagonalbe-

Abb. 14/9

wegung aus den vier Bildecken heraus beobachtet werden, die an entsprechende
Vorstellungen wie „aus allen vier Himmelsrichtungen oder „aus allen Ecken und En-
den" denken läßt. In fast allen Arbeiten war
die Figur des Rattenfängers individuell
recht ausgeprägt und in der Binnenzeich-
nung reich gegliedert. Die Bildzeichen für
Ratten und Mäuse zeigen eine große Varia-
tionsbreite (Abb. 14/7, S. 45).

Methodisch-didaktische Alternativen

Der Rattenfänger erscheint dezentralisiert
am Rande der Bildfläche. Er ist auf dem
Weg zur Weser, und die Ratten stürzen in
hellen Scharen hinterdrein. Abb. 14/6 deutet eine solche Bildlösung an. Ein ausge-
prägteres Querformat könnte diesen ge-
stalterischen Aspekt unterstützen.
Als weitere Alternative bietet sich ein Figu-
renfries an: „Der Rattenfänger führt die
Kinder fort." Das Thema verweist auf die
rhythmisch bewegte Reihung größerer und
kleinerer Bildformen mit möglichen Überschneidungen.

Weitere Themen

Der große Fisch verfolgt die kleinen Fische
(Abb. 14/8); Bienen greifen den Honigdieb
an; Gulliver von der Flotte der Liliputaner
umzingelt; Die Katzentante (Frau Ahavzi
mit ihren Katzen; Abb. 14/9, 3. Schuljahr)

15. Aufgabe

Bildnerische Probleme: Gruppierung gleichartiger Bildelemente auf der Fläche, Variierung von Ordnungen: Streuung, Verdichtung und Auflösung, Reihung
Mittel: Linie, Fleck
Verfahren: Linienzeichnung
Werkmittel: Papierformat DIN A4, wahlweise Bleistift, Füllfeder, Filzstift oder Kugelschreiber
Begriffe: Haufen, Knäuel, Gruppe, Reihe, Halbkreis, Keil

Thema: Die schwarzen Ameisen kämpfen gegen die weißen

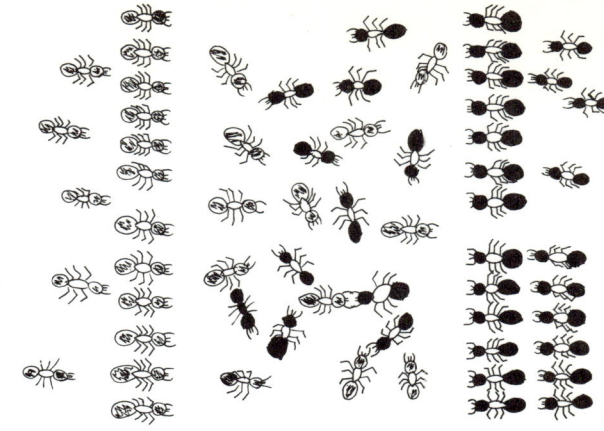

Abb. 15/1

Zur Aufgabe
(4. Schuljahr, Jungen/Mädchen)

Zwei Gruppen, zwei Parteien sind aufeinander bezogen. Gegenüber der 14. Aufgabe fehlt hier ein fester Bezugspunkt. Die Ausgangssituation ist völlig offen, sie läßt aber die vielfältigsten Gruppenbildungen zu. In der spannungsreichen Einbeziehung von großen, leeren Bildflächen, in der Verdichtung und Auflösung, in Asymmetrie und dynamischem Gleichgewicht liegen die besonderen Möglichkeiten der Aufgabe.

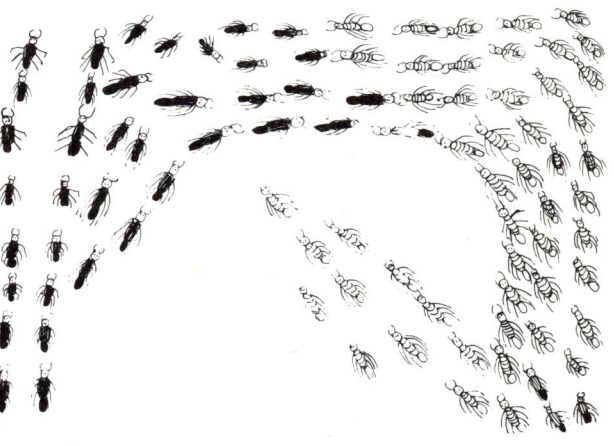

Abb. 15/2

Bericht über die Stunde (2 Stunden)

Die typische Gestalt der Ameise war der Klasse aus dem Sachunterricht bekannt. Vom Thema her war die spontane Zuwendung zu den bildnerischen Problemen gegeben: „Die stellen sich gegeneinander auf!" (Abb. 15/1.)
Sehr bald wurde einsichtig, daß es mit dem geordneten Aufstellen allein nicht getan war. In Zweikämpfen einzelner Ameisenpaare erfolgte die erste Auflösung fester

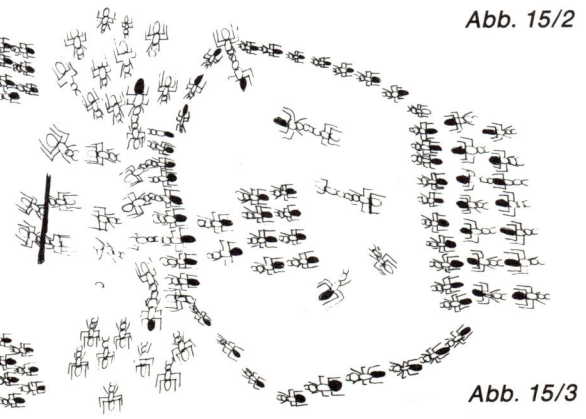

Abb. 15/3

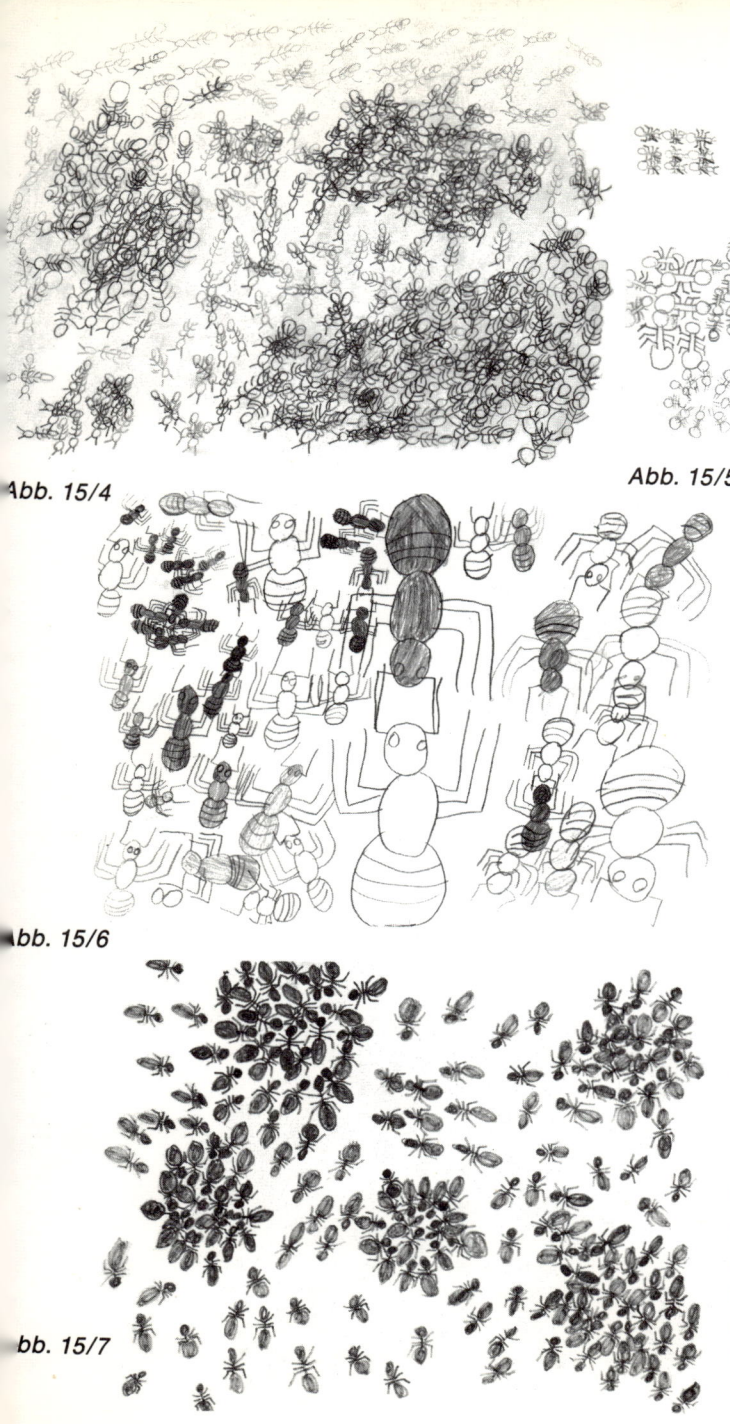

Abb. 15/4

Abb. 15/5

Abb. 15/6

Abb. 15/7

Reihen. Einige Mädchen ließen anstelle der starren Frontstellung eine Formbewegung diagonal durch das Bildfeld entstehen (Abb. 15/2). Dies regte besonders die Jungen zu ausgeprägten Zügen und Gegenzügen an. Ein Junge kommentierte die von ihm erfundenen Vorgänge: ,,Die schleppen einen Balken und sperren, und die anderen umzingeln sie." (Abb. 15/3.)

Die Aufgabe wurde von Jungen und Mädchen gleichermaßen engagiert angepackt, wohl wegen der Ähnlichkeit des Prozesses auf dem Zeichenblatt mit dem Spielverlauf mancher Brett- und Rasenspiele.

In der *Analyse* der Arbeitsergebnisse stellten die Kinder fest: ,,Man sieht, daß es verschiedene Richtungen sind, in denen die Ameisen gehen." – ,,Sie gehen in einer Reihe hintereinander." – ,,Sie haben sich geordnet." Auf die Frage, wie man ordnen könne, wurden die Begriffe ,,in Gruppen, ... Reihen, ... Halbkreis" erwähnt.

Erfahrungen

In Abb. 15/5 werden die Möglichkeiten der Auflösung in Einzelaktionen sehr abwechslungsreich durchgespielt. In Abb. 15/6 sind die sich bekämpfenden Anführer durch ihre Größe hervorgehoben

16. Aufgabe

Bildnerische Probleme: Vielfältige Gruppierung gleichartiger Bildelemente, eingebettet in die Gesamtkomposition
Mittel: Linie, Farbfleck, Struktur
Verfahren: Bildanalyse, Kunstbetrachtung (Projektion eines Farbdias mit zwei ergänzenden Detailaufnahmen)

Albrecht Altdorfer, *„Die Alexanderschlacht"*, München, Alte Pinakothek

Zur Aufgabe

(4. Schuljahr, Jungen/Mädchen)

Die Kunstbetrachtung verfolgte das Ziel einer Einführung in das Verfahren der Bildanalyse. An die 15. Aufgabe anschließend sollte den Schülern eine Beziehung von eigener Produktion und Reflexion über das Kunstwerk deutlich gemacht werden. Von dort aus sollte sich ein Zugang zum Bildinhalt erschließen.

Bericht über die Stunde (25 Minuten)

Gleich zu Anfang stellten die Schüler einen inhaltlichen und formalen Bezug zu dem eine Woche zuvor gezeichneten Ameisenkampf her: „Da ist auch so ein Gewühle." – „Da sind auch Gruppen, die in verschiedene Richtungen laufen, wie die Ameisen ...nur haben die (Ameisen) keine Pferde und Speere."
Die Frage nach der Richtung der beiden Parteien brachte die Beobachtung: „Die einen kommen von links, die anderen mehr von unten." Auf die Frage nach dem Mittelpunkt des Kampfes deutete ein Schüler auf Darius: „Dort, wo der Sturmwagen mit den drei Pferden ist." Auf die Frage, warum gerade diese Stelle des Bildes auffalle, äußerten sich mehrere Schüler: „Die Pferde sind hell." – „Da stehen sie nicht mehr in Reihen." – „Da ist ein Hauptmann."

Anhand eines Detailfotos wurde die Frage erörtert, wer wohl gewinnen werde: „Eine Gruppe flieht." – „Der eine flieht, der andere hat seine Lanze auf ihn gerichtet, er geht hinter ihm her." Ein Junge entdeckte inzwischen an dem Streitwagen den Namen des Darius. Daraus ergaben sich Vermutungen, aus welchem Land wohl die Krieger dieses Königs stammen könnten. Mit dem Hinweis auf die turbanbedeckten Bogenschützen nannten zwei Mädchen Indien und Türkei. An dieser Stelle setzte die Information des Lehrers ein. Er berichtete von dem jungen König, der vor über 2000 Jahren auszog, um die Welt zu erobern. Sofort meldete sich ein Junge: „Ich weiß, er heißt Alexander, der große Kaiser!" (Die Nachfrage ergab ein „Mickymausheftchen" als Informationsquelle.)

Beim abschließenden Versuch, aus der Ordnung des Gesamtbildes als weitere Information zu entnehmen, warum wohl der junge König den mächtigen Großkönig in die Flucht geschlagen habe, stellten die Schüler fest: „Man sieht das an den Fahnen." – „Er hat sie (seine Soldaten) in Reihen aufgestellt, er reitet ganz vorne, an der ersten Stelle." – „Seine Soldaten kämpfen im Dreieck, sie haben eine Spitze!" – „Sie zerdrücken, sie verdrängen die anderen." Der Hinweis, daß auf dem Bild noch mehr zu sehen sei als Kampfgetümmel, lenkte den Blick auf die Küstenlandschaft und „einen Sonnenuntergang". Diese letztere Beobachtung eines Jungen entfachte eine lebhafte Diskussion, ob hier die Sonne auf- oder untergehe. Dabei wurde in der linken oberen Bildecke der Mond entdeckt und ein Schüler bemerkte: „Er (der Maler) will darstellen, daß beim Alexander die Sonne aufgeht, und daß er gewinnt. Beim Darius steht der Mond. Er wird verlieren."

17. Aufgabe

Bildnerische Probleme: Umsetzung vorgefundener Bildformen in ein Spannungsgefüge im flächig-graphischen Bereich, Verdichtung, Auflösung
Mittel: Fläche, Fleck, Groß-Klein-Kontrast, Hell-Dunkel-Kontrast
Verfahren: Collage
Werkmittel: Papierformat DIN A3, Zeitungsausschnitte, Schere, Klebstoff
Begriffe: Handlung (Aktion), Bildfigur, Bildfläche

Thema: Schlacht der Buchstaben

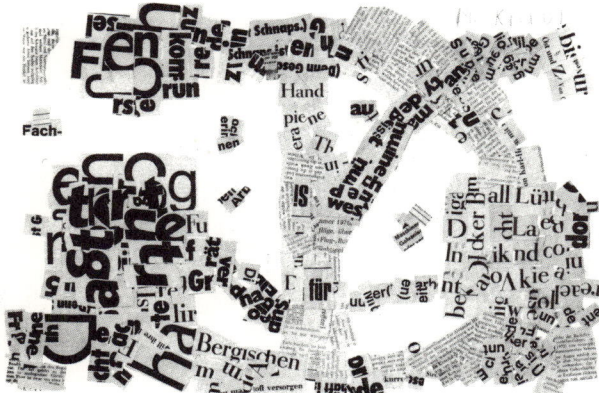

b. 17/1

. 17/2

Zur Aufgabe (4. Schuljahr, Jungen)

In der Collage aus Schwarzweißbuchstaben ist eine mögliche Alternative wie auch eine Weiterentwicklung der 15. Aufgabe zu sehen. Die Aufgabe setzt beim Schüler gewisse, in vorausgehenden Arbeiten entwickelte Einsichten in bildnerische Probleme voraus. Dieser kognitive Aspekt schließt emotionale Momente nicht aus. Dazu gehört die Bereitschaft, die zeichenhaften Formen der Buchstaben als handelnde Bildfiguren zu erleben und als solche in bildnerischen Aktionen einzusetzen. Die Fähigkeit zu entsprechender, phantasiebetonter Umgestaltung läßt sich u. a. in selbsterfundenen, freien Spielen der Kinder mit abstrakten Spielfiguren (z. B. Halma- oder Steckspielfiguren) beobachten. In dieser Hinsicht kommt die scheinbar formalistische Aufgabe den Vorstellungen der Grundschulkinder durchaus entgegen.
Der entscheidende unterrichtliche Schritt liegt im Erkennen der verschiedenartigen Qualitäten großer und kleiner, magerer und fetter, grotesker oder kursiver Buchstaben und deren Einbeziehen in einen neuen, aus dem bisherigen Sinnbezug gelösten Zusammenhang.

Bericht über die Stunde
(1 Einzelstunde und 2 Doppelstunden)

Der Lehrer heftete eine große Tageszeitung an die Tafel und forderte die Klasse auf zu berichten, was man aus einiger Entfernung erkennen könne. Nachdem die Schüler die größeren Rechteckflächen der Bilder, auffällige Werbeanzeigen und Schlagzeilen festgestellt hatten, richtete sich angesichts einer reinen Textseite (Wirtschaftsteil) ihre Aufmerksamkeit auf einzelne Zeilen der Überschriften sowie verschieden große, heller und dunkler wirkende Kolumnen und

Textspalten. Im Blick auf eine selbständige Aufgabenfindung und eigene Formulierung des Themas forderte der Lehrer die Klasse auf, sich eine Handlung unabhängig vom Inhalt der Texte zu überlegen, „bei der etwas passiert, wo es wild zugeht!"

Die unmittelbar vorausgegangene Beobachtung einer Rangordnung größerer, individueller Schrifttypen und vieler kleiner, dividueller Zeilenverbände legte die Herausarbeitung dieses Gegensatzes nahe. Die Vorstellung eines „Kampfes" zwischen den großen und kleinen Buchstaben stellte sich dabei fast von selbst ein.

Abb. 17/3

Die Einführung in die Problematik der Aufgabe, das gemeinsame Herauslösen einzelner Ausschnitte aus dem Schriftbild und deren Anordnen und Verändern auf einer neutralen, weißen Bildfläche beanspruchte fast die ganze erste Stunde. Die Schüler erhielten die Hausaufgabe, für die folgenden Stunden ein entsprechendes Buchstabenarsenal bereitzustellen.

Die Collagen wurden in den folgenden zwei Doppelstunden nach vielen Einzelbesprechungen fertiggestellt, wobei die Klasse die Anregung einer möglichen Arbeitsteilung und Gruppenarbeit ablehnte. Jeder Junge wollte eine eigene „Buchstabenschlacht" veranstalten.

Abb. 17/4

Erfahrungen

Der thematische Aspekt vermochte das gestalterische Interesse der Klasse bis zum Schluß aufrechtzuerhalten, nachdem eine anfangs bestehende Hemmung überwunden war, Buchstaben und Textspalten aus dem bisherigen, streng senkrecht-waagrechten Zeilenverband zu lösen und in einem anders gearteten Bildgefüge frei beweglich über sie zu verfügen. Im Vergleich zur „Ameisenschlacht" bestehen reichere Möglichkeiten, Vorgänge und Aktionen zu entwickeln.

Im Verlauf des bildnerischen Prozesses gewannen die einzelnen Arbeiten eine immer ausgeprägtere Individualität: In Abb. 17/1 marschieren die Großbuchstaben nach rechts oben durchs Bild; in Abb. 17/2 stoßen beide Parteien aus den Ecken zur Mitte vor; in Abb. 17/3 werden die Großen zwischen festen Buchstabenblöcken eingeklemmt und in Abb. 17/4 eingekreist.

18. Aufgabe

Bildnerische Probleme: Ordnung von genormten Teilen auf der Fläche, Streuung, Verdichtung, Auflockerung
Mittel: Punkt, Farbfleck
Verfahren: Collage
Werkmittel: Papierformat DIN A4, farbige Lochpunkte, Klebstoff
Begriffe: ordnen, dicht, locker, regelmäßig, unregelmäßig

Thema: Farbige Punkte schließen sich zusammen

Zur Aufgabe
(3. Schuljahr, Jungen/Mädchen)

Der Klebearbeit gingen einige gegenständlich formulierte Aufgaben voraus. Bei der Verwendung genormter Lochpunkte sind vor allem farbige Variationen möglich. In der vorliegenden Aufgabe ist ein Grundbestand zahlreicher schwarzer und blauer Elemente (aus blauen und schwarzen Heftdeckeln gelocht) durch wenige rote, gelbe und farbig gemusterte Punkte ergänzt. Durch diese Klassifizierung gewinnen einzelne Punkte, ähnlich dem Mikadospiel, Figurencharakter mit gewissen individuellen Qualitäten.

Bericht über die Stunde (1 Stunde)

Die Schüler vermuteten zuerst, es solle ein „Muster" geklebt werden. Auf den Hinweis, die blauen, schwarzen und roten Punkte könnten auch eine Geschichte erleben, erinnerten sich die Kinder an vorausgegangene Aufgaben.
Bei der Analyse der Arbeitsergebnisse bemerkten sie, so sei es auch „wenn sich Leute um einen Verkaufsstand drängten", oder „bei einem Ameisenhaufen, dem Sternenhimmel, einem Bienenschwarm"; „...bei Brotkrümeln am Boden nach dem Essen, bei Kartoffeln nach dem Abladen, bei einer Schafherde", „...bei einem Dorf, in dem die Häuser innen dichter stehen und außen lockerer."

Erfahrungen

Ein Teil der Schüler kam durch das Fehlen einer gegenständlichen Thematik nicht viel über das Mustern hinaus, doch zeigt z. B. Abb. 18/1 eine lockere, rhythmische Kettenbildung („Schlangestehen"). In der Arbeit eines Mädchens sind zwei rote und ein rosa Punkt akzentuiert ins Zentrum der Punkteversammlung gesetzt (Abb. 18/2).

b. 18/1

b. 18/2

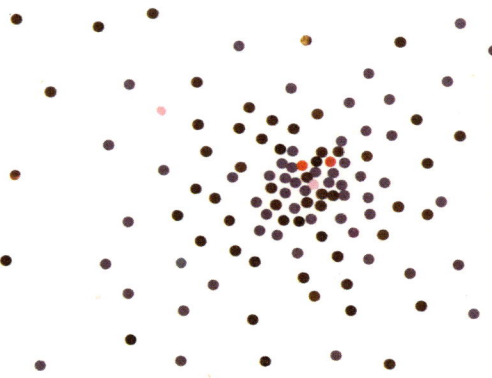

19. Aufgabe

Bildnerische Probleme: Ausformung offener Zeichen; Gruppenbildung durch Streuung, Ballung, Reihung
Mittel: Punkt, Linie, Fleck
Verfahren: Federzeichnung
Werkmittel: Papierformat DIN A3 und DIN A4, Tusche, Redisfeder, Zeichenfeder
Begriffe: Mauerring, einkreisen, umzingeln

Thema: Eine mittelalterliche Stadt wird belagert

Zur Aufgabe
(4. Schuljahr, Jungen/Mädchen)

Das Thema ist dem Bereich der geschichtlichen Heimatkunde entnommen. Es bietet verschiedene Möglichkeiten bildnerischer Realisierung: Neben Einzelszenen (z. B. dem Kampf vor dem Tor, dem Heranschieben eines Belagerungsturmes an die Mauer) kann vor allem die Totale, der Plan einer Belagerung gesehen werden, ein Aspekt, der vielen Kindern aus der Spielzeugperspektive bekannt sein dürfte. Das Bild der Stadt wird vor allem durch den Mauerring bestimmt. Auf ihn sind die vielfältigen Aktionen der Belagerung bezogen. Sie bieten Anlässe für die Ausbildung offener, dynamischer Zeichen, für frei erfundene Chiffren, welche Vorgänge und Bewegungen sichtbar machen (vgl. u. a. die 12. Aufgabe).

Bericht über die Stunde (2 Stunden)

Die Einführung ging von der konkreten Situation einer Belagerung Stuttgarts durch König Rudolf aus. Der Lehrer gab zu überlegen, wie wohl der König die Belagerung von oben, von seiner Wagenburg auf einem Hügel über der Stadt, gesehen habe. Die Schüler bemerkten u.a.: „Er sieht die Stadt ganz klein." – „Die Köpfe seiner Soldaten sind dann so groß wie Stecknadelköpfe." – „Vor den Toren ist ein großes Gewimmel."

Ein Teil der Klasse entschied sich für einen detaillierten, figurenreichen Kampf vor dem Tor, die Mehrzahl versuchte, unter lebhafter innerer Anteilnahme, die verschiedenen Vorgänge der Belagerung graphisch zu artikulieren.

Bei der *Analyse* der Arbeitsergebnisse wurde vor allem auf die geschlossene Außenform einer mittelalterlichen Stadt, auf ihre Abkapselung und den Schutz gegenüber den Feinden „draußen vor den Toren" eingegangen.

Erfahrungen

Die dynamischen Aktionen des Belagerungsvorgangs lösten vielfach eine starke Zeichenmotorik aus. In Abb. 19/1 sind die Rundtürme nur noch als kreisende Spiralformen angedeutet, aus denen Geschosse geschleudert werden. Die Belagerer ballen sich an drei Stellen als Ansammlung von Punkten und Strichen. Die Belagerungstürme sind aufs äußerste vereinfacht. Schwarze Fleckformen markieren die Brennpunkte des Geschehens.

Abb. 19/2 zeigt eine Stadt aus stark reduzierten Zeichen für Häuser und eine Kirche. Um sie schließt sich ein Ring mit rechteckigen Türmen. Einen zweiten Ring bilden die dichtgedrängten Belagerer. Der Angriff wird über drei überdimensionierte Zugbrücken vorgetragen.

Die Zeichnung eines Mädchens (Abb. 19/3) befaßt sich vornehmlich mit dem Stadtinneren, das aus den Streuformen der Häuser gebildet ist. In der individuellen Gestaltform der Stuttgarter Stiftskirche und des Alten Schlosses ist so etwas wie ein Stadtkern angedeutet.

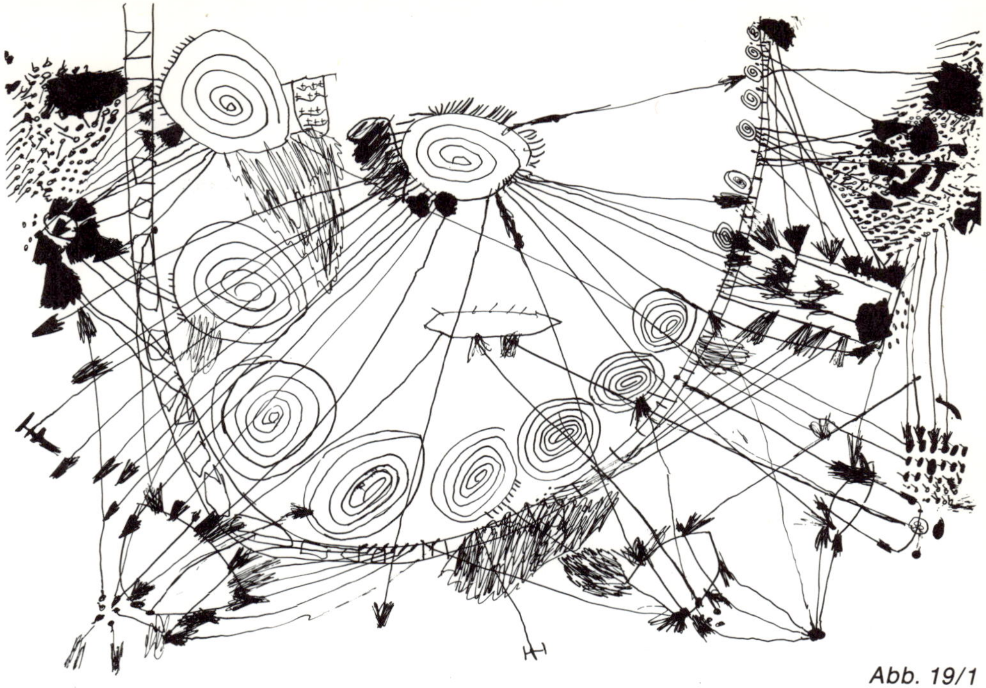

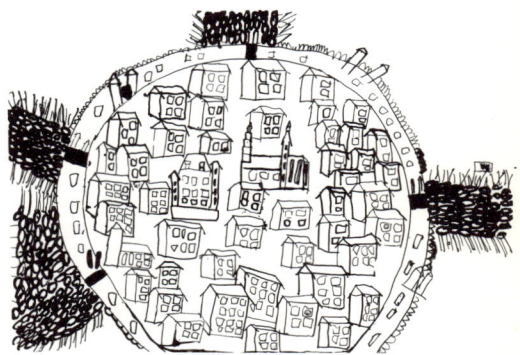

Abb. 19/1

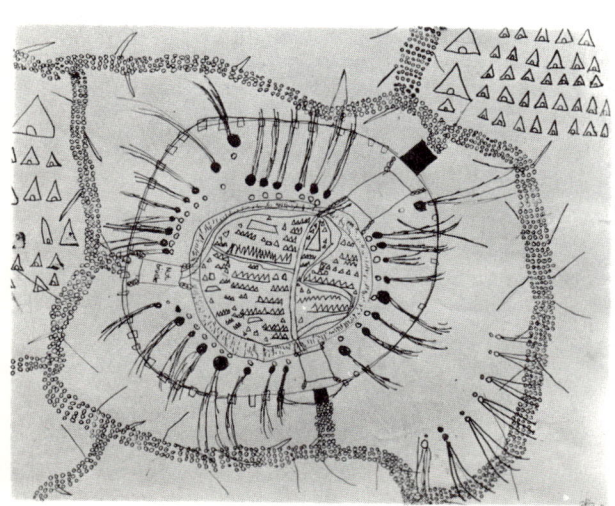

Abb. 19/2

Abb. 19/3

20. Aufgabe

Bildnerische Probleme: Reihung von Haus-
formen, Binnendifferenzierung durch
Struktur und Muster
Mittel: Linie, Struktur, Muster
Verfahren: Redisfederzeichnung
Werkmittel: Papierformat DIN A2, Tusche,
Redisfeder 1,5 mm
Begriffe: Stockwerk, Streifen, Zeile
Thema: Fachwerkhäuser

Zur Aufgabe
(4. Schuljahr, Jungen/Mädchen)

Das Thema gibt vielfältigen Anlaß zu rhyth-
mischer Reihung. Gegenüber den einfachen, aus Dreieck- und Rechteckformen
gebildeten Hausschemata wird hier der
Aufbau von Fachwerkhäusern aus einzelnen Streifen angestrebt. Die *Betrachtung*
von Fachwerkbauten war in einer Sach-
unterrichtsstunde vorausgegangen. Dort
wurden anhand einer Tafelzeichnung die

Begriffe Träger, Strebe, Binder und Gurt
sowie die überkragende Bauweise erörtert.
Eine funktionale, zeichnerisch exakte Darstellung kann späteren Schuljahren über-
lassen bleiben. Wichtiger erscheint die Er-
hellung architektonischer Ordnung durch
die Beschäftigung mit graphischen Strukturen. Als wesentlicher Gedanke wird aus
dem Sachunterricht der Aufbau eines Hauses aus mehreren übereinandergesetzten
Etagenrahmen übernommen. Aus mehreren graphisch strukturierten Häusern entsteht dann die Straßenzeile.

Bericht über die Stunde

Die Einführung zielte vor allem auf die dichte Fügung der Fachwerkhäuser und das enge Nebeneinander der Häuser ab. Es dau-
erte einige Zeit, bis die Klasse erkannte, daß
durch dichtes Fügen von Linien Flächen-
wirkung zu erreichen war. In einigen Arbeiten blieb es bei einer lockeren Durchmuste-
rung der Hausfassaden.

Abb. 20/1

In der *Analyse* der Arbeitsergebnisse formulierten die Schüler ihre Erfahrung, daß bei dichtem Setzen von Linien *dunkle,* bei lockerem Liniengefüge *hellere Flächen* entstehen. Im Vergleich mit der Reihung von Buchstaben und Wörtern in einer *Zeile* wies der Lehrer auf das bewegte Auf und Ab einer „Häuser- oder Straßenzeile" hin.

Erfahrungen

Einige Schüler suchten die Erweiterung zur Stadt durch Anordnung einer zweiten Häuserreihe über der ersten. In vier Zeichnungen wurden weitere Fachwerkgiebel, kulissenartig angeschnitten, hinter die erste Reihe gesetzt.
Abb. 20/1 und 20/2 zeigen, daß die einmal gefundene graphische Flächenstruktur konsequent weitergeführt wurde. Viele Schüler strebten durch gepflasterte Wege eine noch engere Verbindung der einzelnen Häuser an.

21. Aufgabe

Bildnerische Probleme: Reihung, axiale Ordnung
Mittel: Linie, Struktur
Verfahren: Linienzeichnung
Werkmittel: Papierformat DIN A5, Füllfeder oder Kugelschreiber
Begriffe: gereiht, senkrecht, waagrecht, Mittelpunkt, Zentrum

Thema: Römerkastell

Zur Aufgabe
(4. Schuljahr, Jungen/Mädchen)

Das Thema ist der geschichtlichen Heimatkunde entnommen. Für den Schüler ergibt sich aus der Addition vieler kleiner Häuser das Bild einer kleinen, in sich abgeschlossenen Stadt. Sie zeigt sich hier unter dem besonderen Aspekt einer streng gegliederten rektangulären Anlage.

Abb. 20/2

Das für das römische Kastell maßgebliche Achsenkreuz der Hauptstraßen und vier Tore bieten einen Ansatz, aus dem sich das Ordnungsgefüge der Reihung entwickeln läßt. Dabei darf, der Altersstufe entsprechend, eine Zeichnung im Sinne eines Standflächenbildes mit Umklappformen erwartet werden.

Bericht über die Stunde
(2 Stunden)

Nachdem vorausgehend im Heimatkundeunterricht ein Bild der Saalburg gezeigt worden war, fragte der Lehrer nach dem Unterschied zwischen der Anlage eines Römerkastells und eines germanischen Dorfes. Die Schüler meinten, daß hier „alle Häuser auf einem Haufen ... durcheinander" stünden, dort hingegen Baracken und Häuser „in einer Reihe neben der Straße... ordentlich" aufgebaut seien. Die Hauptstraßen und Tore seien „nach allen vier Himmelsrichtungen" gebaut. Mit diesen Anmerkungen waren die entscheidenden Gesichtspunkte der Aufgabe herausstellt.

In der abschließenden *Analyse* der Arbeits-

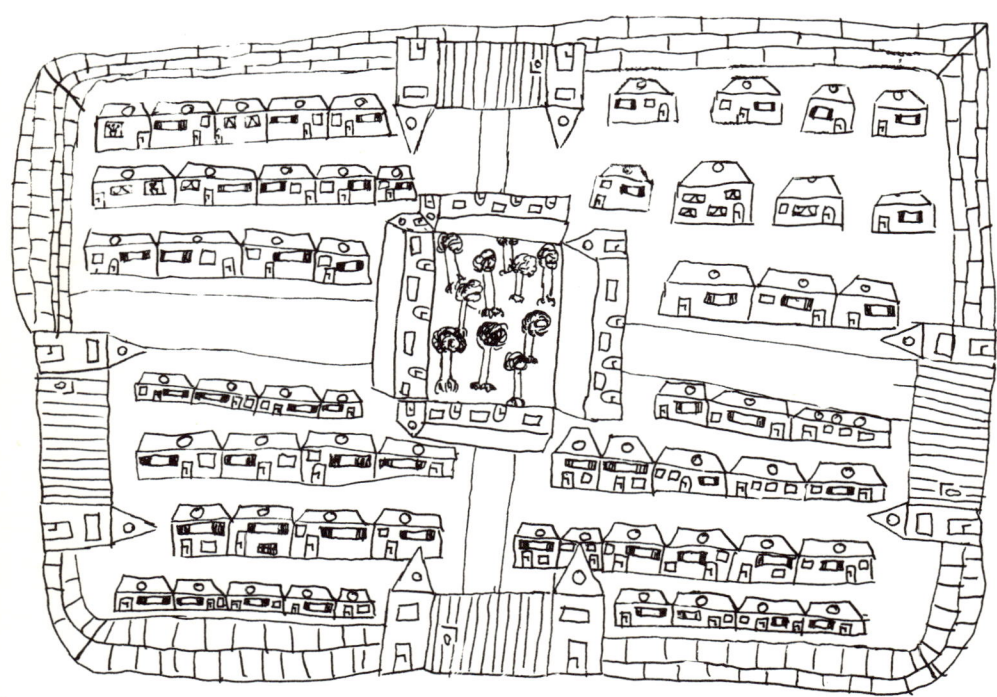

Abb. 21/1

ergebnisse wurde versucht, die zeichnerisch gewonnenen Einsichten sprachlich zu fassen. Die in den Standflächenbildern meist senkrecht-waagrecht ausgerichteten Straßen gaben Anlaß, über die bei dieser Einteilung entstehenden *Stadtviertel* und die ursprüngliche Bedeutung dieses Begriffs nachzudenken.

Die in einigen Zeichnungen erscheinende Innenanlage führte zu Reflexionen über die Begriffe *Mittelpunkt* und *Zentrum*. Daraus ergab sich ein direkter Bezug zu dem alten Siedlungskern der Heimatgemeinde der Schüler, seinen „krummen Gassen um die Kirche herum", und der rechtwinkligen Straßenführung einer anschließenden Neubausiedlung.

Erfahrungen

Abb. 21/1 und 21/2 zeigen die in die Fläche geklappten Häuser, Türme und Mauern. Die insgesamt recht regelmäßige Reihung gleicher Formelemente entspricht dem lernstufentypischen Verhalten des 4. Schuljahrs. Ansätze zu einer Darstellung im Schrägbild waren auf zwei Zeichnungen festzustellen.

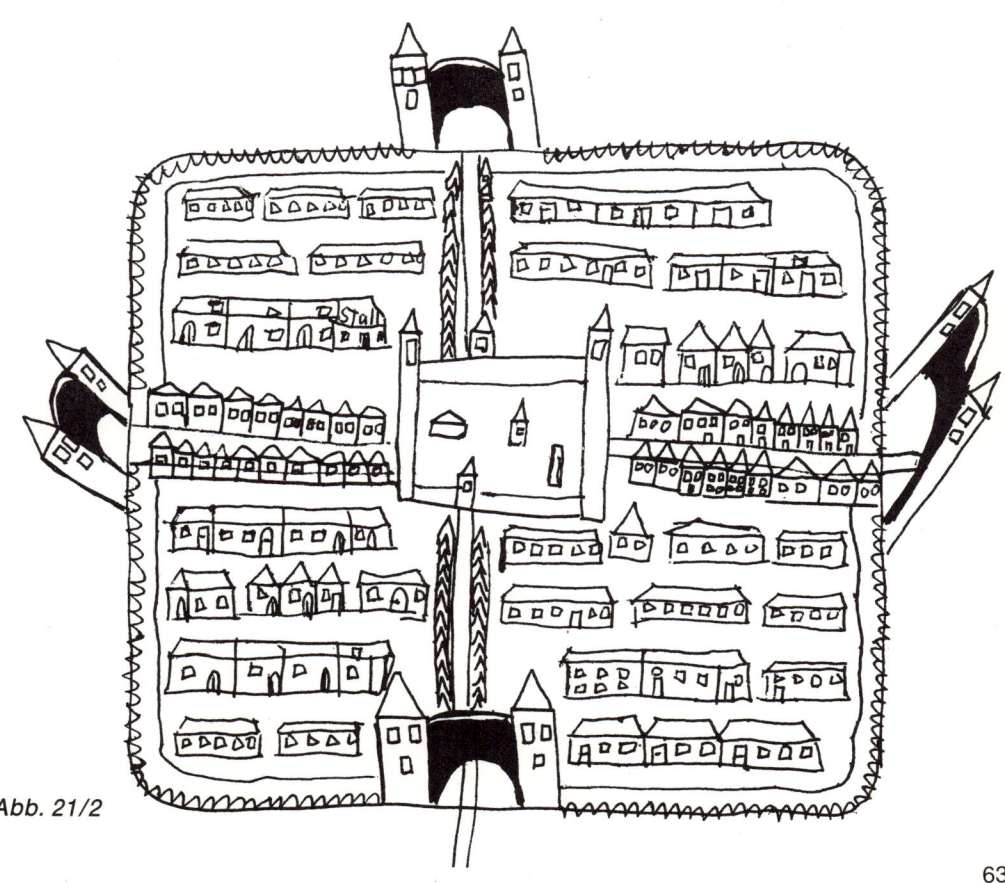

Abb. 21/2

Entwicklung bildnerischer Vorgänge

Die folgenden Aufgaben befassen sich mit Ansätzen und Möglichkeiten der Entwicklung direkter bildnerischer Aktionen auf der Bildfläche. Damit sind vor allem Bewegungsvorgänge angesprochen, in denen Formen und Farben in ein dynamisches Gleichgewicht gebracht werden. Der Kunstunterricht geht hierbei von der den Kindern eigenen Motorik und Rhythmik aus, die sich in ihren Zeichnungen in vielfältiger Weise ausdrückt. Als bildnerische Mittel bieten sich die Linie als Bewegungsspur und die Farbe als dynamisch gesetzter Fleck an.

Anstöße für die Entwicklung bildnerischer Vorgänge ergeben sich aus realen, beobachteten oder vorgestellten, imaginären Bewegungsmotiven: aus dem Laufen, Fließen, Durchziehen, Überquellen, Spritzen, Untertauchen, Auflösen u. a. In entsprechend formulierten Themen ergibt sich die zeichenhafte Abstraktion meist von selbst.

Mit der Formulierung: „Wie es vom Himmel herunterregnet..." (23. Aufgabe), gelangen die Schüler z. B. sehr rasch von der gegenständlichen zur „ideellen Aussage" (Klee), zum Niederschlag als graphisch strukturierten Bewegungsablauf.

Bewegungsabläufe lassen sich vor allem aus elementaren Zeichen, auf dem Wege einer Synthese von Formelementen, entwickeln. Den Grundschülern steht meist schon ein Bestand einfachster, „offener" (Pfennig) Formzeichen zur Verfügung, mit denen sie Bewegungen, Kräfte und Beziehungen sichtbar machen können. Er ist in den Kritzeleien und Zeichen der frühen und mittleren Kindheit vorgeformt. Spezifische Verfahren und Techniken intensivieren den synthetischen Ansatz dieser Aufgaben (z. B. 26. Aufgabe).

In der Erfindung und Realisierung bildnerischer Vorgänge sollen die Schüler Strukturierung und Gestaltung als Bewegung erleben. Im Bewegungsablauf selbst erfahren sie die Prozeßhaftigkeit bildnerischer Vorgänge.

22. Aufgabe

Bildnerische Probleme: Erfinden von Vorgängen, Ausformung offener Zeichen, Streuung, Ballung und Verdichtung
Mittel: Punkt, Linie, Fleck
Verfahren: Linienzeichnung
Werkmittel: Papierformat DIN A4, wahlweise Filzstift, Kugelschreiber, Füllfeder
Begriffe: weiterlaufen, gefüllt, voll, Blatt

Thema: Der süße Brei läuft über den Topf hinaus

Zur Aufgabe

(Kindergartengruppe und 1. Schuljahr, Jungen/Mädchen)

Das Thema ist dem Märchen der Brüder Grimm „Der süße Brei" entnommen, dessen Wirkung vor allem auf der bildhaften Vorstellung des überquellenden Breitöpfchens beruht. Das Phantastische, Unwahrscheinliche dieses Vorgangs läßt der kindlichen Vorstellungskraft einen denkbar weiten Spielraum. Die Überlegung, wie (und wie weit) wohl der Brei weiterlaufen

Abb. 22/1

Abb. 22/2

Bericht über die Stunde (1 Stunde)

Die Aufgabe wurde mit einer Kindergarten-gruppe sowie einer 1. Grundschulklasse durchgeführt. An die Erzählung des Märchens anknüpfend, fragte die Lehrerin, was man bei der Geschichte „schön zeichnen" könne. Die vorschulpflichtigen Kinder wollten das kleine Mädchen zeichnen, „wie es im Wald das Töpfchen bekommt", oder „wie sich alle durchessen müssen". Die Erstkläßler fanden es interessanter, den Brei zu zeichnen, „wie er da so 'runterläuft" und „aus dem Haus und durch die Fenster läuft".

Auf die Frage, ob die Kinder schon einmal zugeschaut hätten, wenn die Mutter einen Brei kocht, wurde im Kindergarten berichtet: „Es gibt Blasen." – „Es sprudelt." Die Grundschüler hatten genauer beobachtet: „Es gibt Blasen, da sind so Ringe." – „Wenn der Brei 'runterläuft, zischt es immer." – „Es dampft .... da blubbert es so ... es spritzt."

Der Vorschlag, das Zaubertöpfchen zu zeichnen, wie es zu kochen beginne und der Brei über den Rand hinauslaufe, löste eine lebhafte Zeichentätigkeit aus. Dabei kommentierten vor allem die Erstkläßler die Vorgänge auf ihrem Zeichenblatt: „Mein Brei sieht aus wie Wellen." – „Der Brei kann sich eine Weile gerade halten, dann kippt er um." – Die Kinder fanden diesen Vorgang so interessant, daß einige eine zweite Zeichnung anfertigten.

Erfahrungen

Das Thema führte zu recht verschieden-artigen Lösungen: Die Kindergartengruppe fand vor allem in den „Blasen" ein Schlüsselwort für die Zeichenfindung und die Bewältigung der Aufgabe (vgl. die Seifenbla-

kann, gibt den Kindern einen Anreiz, sich mit dem Vorgang der *Vermehrung* und des *Weiterwachsens* auseinanderzusetzen. Die kindliche Eigenmotorik spielt dabei eine nicht unwesentliche Rolle.

sen in der 11. Aufgabe). In der Streuung, Ballung und der allmählich nach außen ruhiger werdenden Reihung von Punkten und Flecken (Abb. 22/1) wurde das ganze Bildfeld in den Vorgang des Ausbreitens einbezogen, der erst mit dem vollständigen Füllen des Blattes am Bildrand endete.

Die Grundschüler gingen vor allem von dem motorischen Vorgang rotierender, sich ballender Linienbahnen aus. Ein Mädchen konzentrierte sich, wohl aufgrund entsprechender Beobachtungen, auf den Topf und den Herd. Die Filzstiftzeichnung Abb. 22/2 zeigt dabei das Blubbern aufsteigender Blasen, deren Verdichtung am Topfrand, das Überlaufen in breiten Strömen und schließlich allgemeines Überquellen. Ein Junge löste auf Abb. 22/3 mit dem Füllfederhalter dasselbe Problem mehr dekorativ durch große und kleinere Formen in parallelen Linienbündeln. In der Abb. 22/4 zeigt ein Mädchen das Ausfüllen des Hauses mit Brei und das allmähliche, schichtenweise Zudecken der anderen Häuser. Dabei werden bei leichterem oder kräftigem Aufsetzen des Filzstifts verschiedene Grauwerte erreicht. Wie folgerichtig bei dieser Aufgabe bildnerisch gedacht wurde, zeigt die Äußerung eines Kindes vor Beginn seiner zweiten Zeichnung: „Jetzt zeichne ich kein großes Haus mehr, jetzt zeichne ich lauter kleine Häuschen, dann wird der Brei größer!"

Weitere Themen

Ein Mann ißt sich durch den Reisbreiberg ins Schlaraffenland; die Maulwürfe (Mäuse) buddeln sich eine Wohnung mit vielen Gängen; kleine Eisbrecher arbeiten sich durch ein großes Eisfeld hindurch; ein riesengroßer Flaschengeist quillt aus der Flasche

Abb. 22/3

Abb. 22/4

23. Aufgabe

Bildnerische Probleme: Niederschlag als dynamisch-bewegter Vorgang, Finden offener Zeichen, Profilfigur
Mittel: Punkt, Linie, Fleck
Verfahren: Federzeichnung
Werkmittel: Papierformat 30,5 × 14,5 und 24,5 × 20,5 cm, Füllfeder, Kugelschreiber
Begriffe: Strich, Faden, dünn, dick
Thema: Wie es vom Himmel herunterregnet

Zur Aufgabe
(2. Schuljahr, Jungen/Mädchen)

Die Motivation der Aufgabe findet sich bereits in der Zeichnung eines Viereinhalbjährigen, in der er seinen Eltern das Erlebnis eines heftigen Gewitters mitteilt und dazu bemerkt: ,,Solche Wolken, bis zum Himmel 'runter! Da siehst' einmal, wie Hagel aussieht!'' (Abb. 23/1)
Neben emotionalen Bezügen verweist das Thema auf kognitive Dimensionen, die in der Richtung des Sachunterrichts (Kreislauf des Wassers) liegen. Mit der Einfüh-

Abb. 23/2

rung eines ,,fliegenden Roberts'', einer spazierengehenden Figur mit Regenschirm, z. B. als Selbstbildnis, läßt sich eine einseitig formale Behandlung des Themas vermeiden. Ein solcher Spaziergänger kann in der kindlichen Vorstellung mit vielerlei Formen des Niederschlags, mit Regen, Hagel, Schnee u. a., in Verbindung gebracht werden.

Bericht über die Stunde
(1 Stunde)

Die Formulierung des Themas, einleitend an die Tafel geschrieben, führte zu sachlichen Überlegungen in einer ganz bestimmten Richtung. Die Schüler stellten zunächst fest: ,,Es regnet schräg.'' – ,,Es kann auch hageln und schneien.''
Auf den Impuls, der Regen sei nicht immer gleich, er komme sehr verschiedenartig vom Himmel, wurde festgestellt: ,,Er kommt in Tropfen ... in Streifen ... in vielen dünnen Strichen.'' Auf den Hinweis, daß es dafür besondere Namen gebe, wurden Niesel- und ,,Platschregen'' genannt.
Der Lehrer wies, hierzu ergänzend, auf die

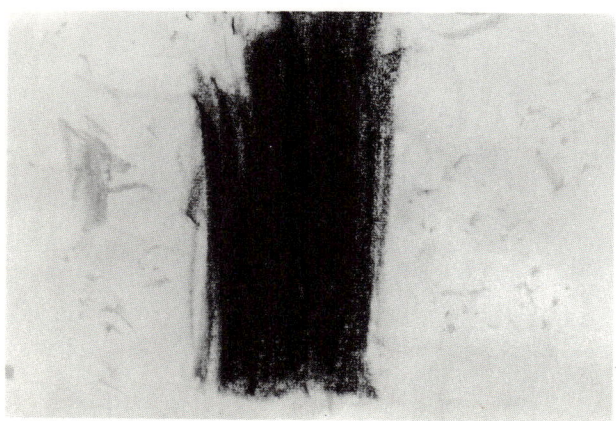

Abb. 23/1

Abb. 23/3

Abb. 23/4

Abb. 23/5

Redensart hin, es regne „Bindfäden". Als er kurz darauf die Tafel auswischte und das Wasser streifig nach unten lief, äußerte ein Zweitkläßler spontan, an der Tafel regne es auch, aber in dicken Schnüren! Nach verbaler Benennung und Umschreibung gingen die Kinder spontan an die Umsetzung dieser Vorgänge in graphische Zeichen. Neben affektiver Motorik waren auch ausgesprochen sachliches Interesse und zeichnerische Akribie festzustellen.

Erfahrungen

In fast allen Arbeiten konzentrierte sich das Interesse zunächst auf die Figur mit dem Regenschirm, auf die dann anschließend der Regen bezogen wurde. Häufig wurden verschiedene Formen des Niederschlags streifenförmig nebeneinandergereiht. (Der Spaziergänger gerät dabei buchstäblich vom Regen in die Traufe.) In Abb. 23/2 ist das Augenmerk des Schülers auf die dunklen Wolken gerichtet, aus denen sich schwere Tropfen lösen, die allmählich leichter werden. Den Jungen interessierte besonders ihr Prasseln auf dem Regenschirm und das Herablaufen von dessen Rändern. In Abb. 23/3 beschäftigte sich ein Junge vor allem mit dem Aufplatschen und Zerspritzen der Tropfen am Boden. Er stellte ausdrücklich fest, daß unter den Schirm kein Regen kommen könne. Viele Einzelbeobachtungen zum Phänomen des Regens konnten erst nach dem Umsetzen in zeichnerische Vorgänge verbal gefaßt werden. Abb. 23/5 zeigt eine Arbeit aus dem 1. Schuljahr.

Weitere Themen

Der Wind fährt in den Blätterhaufen; Schneefräse im Schneegestöber.

24. Aufgabe

Abb. 24/

Bildnerische Probleme: Aufsteigen, Ausbreiten, Verdichten und Auflösen als Bewegungsvorgänge
Mittel: Linie, Fleck
Verfahren: Linienzeichnung
Werkmittel: Papierformat DIN A4, wahlweise Bleistift, Filzstift, Füllfeder
Begriffe: dicht, locker, ausbreiten, auflösen

Thema: Wie Daumerling in die Luft getragen wird

Zur Aufgabe
(3. Schuljahr, Jungen/Mädchen)

Die Figur des kleinen Daumerling, der in einem Märchen der Brüder Grimm vom Küchendampf erfaßt und in die Luft getragen wird, soll einen entsprechenden graphischen Bewegungsvorgang auslösen und motivieren.
„Dampf" und „Rauch" dienen als Reiz- und Schlüsselworte. (Bereits in der Zeichnung eines Dreieinhalbjährigen konnte beobachtet werden, wie dort Schornsteine und aufsteigende Rauchspiralen als Zeichen eines besonders intensiven Großstadterlebnisses auftauchten. Kindlicher Kommentar: „Da kochen sie überall.") In der Ballung graphischer Spuren kann etwas von der Kraft sichtbar gemacht werden, die den kleinen Daumerling emporhebt, in deren Auflösung sein langsames Niedersinken.

Bericht über die Stunde (1 Stunde)

Das Märchen war fast allen Kindern bekannt. Ein Junge schlug als mögliches Thema vor: „Wie der (Daumerling) zum

Abb. 24/2

Abb. 24/3

Kamin 'rausfliegt.'' Anschließend stellten die Schüler fest, daß aus dem Kamin nicht nur Dampf, sondern auch Rauch und Ruß herauskommen. Sie bemerkten: ,,Der Rauch verbreitet sich.'' – ,,Er löst sich auf.'' – ,,Er macht Wolken.''
Während des Zeichnens wurde kommentiert, daß Rauch und Dampf ,,nicht nur steil nach oben'' stiegen: ,,Der Wind treibt das Schneiderlein davon'' (Abb. 24/2).

Erfahrungen

Die aufsteigende Formbewegung wurde vorwiegend aus der spiralig kreisenden Linienspur entwickelt (Abb. 24/1). Einige Kinder zeichneten die Küche und das Innere des Schornsteins als Röntgenbild. In der

materiellen Unterscheidung von Dampf, Rauch, Ruß und Wolken sowie deren Ballung und Auflösung entstanden ausgeprägte Hell-Dunkelstufen die eine gegenüber der 22. Aufgabe fortgeschrittene Differenzierung aufweisen.
In einer 4. Klasse konnten bei derselben Aufgabe vielfältigere graphische Strukturen unterschieden werden, als diese z. B. bei G. Otto im 7. Schuljahr in sehr differenzierten Lösungen erarbeitet wurden (Kunst + Unterricht, H. 5/1969).
Die Analyse der Arbeitsergebnisse brachte eine recht treffende sprachliche Umschreibung (,,wie Fäden'' – ,,wie ein Pilz'') und Beschreibung (,,es qualmt ... strömt ... schwebt ... zieht in Schwaden'') der Formen und Bewegungsvorgänge.

25. Aufgabe

Bildnerische Probleme: Farbbewegung, kontrastierendes Setzen leuchtender und getrübter Farben
Mittel: Qualitätskontrast, Farbfläche, Farbfleck
Verfahren: Collage
Werkmittel: Papierformat DIN A4, Buntpapier, Schere, Klebstoff
Begriffe: leuchtende und trübe Farben

Thema: Leuchtende Farben kommen zu den trüben Farben

Zur Aufgabe

(1. Schuljahr, Jungen/Mädchen)

Die Klebearbeit aus Buntpapieren ist als Kontrolle und Ergänzung einer vorausgehenden Arbeit „Vogelscheuche" (Collage aus Stoffresten, Wollfäden, Knöpfen u. a.) geplant. Dort war die Frage gestellt worden, was mit den Kleidern der Vogelscheuche geschehe, wenn der Stoff abwechselnd der Sonne und dem Regen ausgesetzt sei. Die Schüler hatten bemerkt: „Die Kleider verfaulen ... werden steif ... sie verfallen." Die Farben „werden heller". – „Sie werden trüb."

Die anschließende Aufgabe soll unter allmählichem Hintansetzen des ursprünglichen Themas zu autonomer, gegenstandsunabhängiger Auseinandersetzung mit Farben führen.

Bericht über die Stunde (1 Stunde)

Die Aufgabe wurde mit der Frage eingeleitet, wie man es anstellen könne, daß eine Vogelscheuche nicht mehr so „alt" ausse-

Abb. 25/1

he. Die Kinder dachten zunächst an neue Hüte, Schals und farbige Flicken. Die Antwort „Flicken aufsetzen" lieferte den Schlüssel zur Verständigung über die bildnerischen Probleme der Aufgabe: Das Kleid wird zum Bildgrund. Mit farbigen „Flicken" ist die Vorstellung kleiner begrenzter Fleck- und Flächenformen von geringer Quantität und farbiger Intensität verbunden.

Das Materialangebot farbiger Glanzpapiere führte dazu, daß im Verlauf der Klebearbeit fast alle Kinder das Kleid der Vogelscheuche als farbige Bildfläche behandelten und sich auf den Vorgang des Setzens kontrastierender Farbgruppen konzentrierten.

Erfahrungen

Graue, braune und schwarze Flächen ersetzten die bei der vorausgehenden „Vogelscheuche" verwendeten dunklen, meist gemusterten Stoffreste. Während die Kinder dort als Kontrastfarbe fast nur Rot gewählt hatten, kamen jetzt Gelb, Hellgrün und Orange als leuchtende Farben hinzu. In einigen Arbeiten wurden diese nicht nur aufgesetzt, sondern von Anfang an zwischen größere dunkle Flächen geschoben (Abb. 25/1 und 25/3).

Bei der *Analyse* der Arbeitsergebnisse sprachen die Kinder sowohl den Qualitäts- als auch den Quantitätskontrast an. Von

Abb. 25/2

Rot und Gelb wurden nur „kleine Stücke, aber leuchtende Farben" festgestellt. Ihnen gegenüber wurden „nichtleuchtende" – „matte" – „Durcheinanderfarben" (vgl. 36. Aufgabe) und „Mischfarben" unterschieden. „Vom Rot braucht man nur ein kleines Stück – von der trüben Farbe braucht man viel, dann wird sie erst so stark wie die rote Farbe!"
Insgesamt kam die Klasse zu dem Ergebnis, daß „die leuchtenden Farben die trüben Farben auch leuchtend machen". Mit dieser Formulierung sind erstmals farbige Vorgänge angesprochen, die in späteren Aufgaben differenziert und weiterentwickelt werden können.

Methodisch-didaktische Alternativen

Mit der Motivation: „Lustige Farben besuchen die traurigen Farben", ist ein sehr viel direkterer Anlaß gegeben, sich unmittelbar mit farbigen Vorgängen zu befassen.

Im 4. Schuljahr bot schwarzer Karton in dem relativ kleinen Format von 21,5 × 17,5 cm die Möglichkeit, mit Deckfarben einen dunklen, „traurigen" Farbgrund zu entwickeln, der durch leuchtende Farben aufgehellt werden sollte. Letztere wurden, meist wenig differenziert, als einzelnes Rot, Orange, Gelb, Hellblau den trüben Farben zugesellt.

Die Kinder waren aufgefordert, auf ihrem Bild zu zeigen, was passieren kann, wenn lustige Farben „zu Besuch kommen". Im Verlauf des Malprozesses formulierten sie den jeweiligen farbigen Vorgang auf ihrem Bild: „Die lustigen Farben springen herein." – „Die Farbe kommt als Regen 'runter und läuft immer weiter." – „Die helle Farbe ist schon da, da kommen die traurigen aus ihrem Versteck." – „Die fröhliche Farbe tanzt um die traurigen Farben herum und muntert sie auf" (Abb. 25/2).

Die abschließende Analyse der Arbeitsergebnisse stellte in Einzelheiten scharfe Qualitätskontraste heraus: „Die gelbe Farbe macht Radau ... sie trampelt herum." – „Sie nimmt keine Rücksicht auf die Farben, die schon da sind!"

26. Aufgabe

Bildnerische Probleme: Farbbewegung als autonomer bildnerischer Vorgang
Mittel: Farbe-an-sich-Kontrast, Farbfleck, Farbfläche
Verfahren: Trickfilmaufnahme
Werkmittel: Mosaik aus selbstgefertigten Farbwürfeln, deren 1 cm² große Seitenflächen jeweils in einer der sechs Grundfarben gestrichen sind, Schmalfilm-Kamera 8 mm mit Einzelbildschaltung, etwa 15 m Farbfilm
Begriffe: Farbbewegung, Bewegungsablauf

Thema: Farben bewegen und verändern sich

Abb. 26

Zur Aufgabe
(4. Schuljahr, Jungen/Mädchen)

Die in vorausgehenden Aufgaben erarbeiteten farbigen Vorgänge sollen in ihren einzelnen Phasen festgehalten und mit den Mitteln des Films in ihrem Gesamtablauf zusammengefaßt werden. Dadurch wird ein zeitliches Verständnis für einen Prozeßverlauf angebahnt. Ausgehend vom farbigen Einzelbild, sollen durch praktische Erfahrungen Einsichten über den Film als Medium visueller Information gewonnen werden.

Bericht über die Stunde
(Vorbereitung 1 Stunde, Gesamtaufnahmezeit 2 Vormittage, Einzelszene etwa 25 Minuten)

In einer allgemeinen Einführungsstunde wurde eine Gruppe von 16 Schülern mit dem Filmprojekt bekanntgemacht. Sie erhielten die Farbwürfel mit dem Auftrag, nach einem ersten spielerischen Hantieren ein Farbmosaik herzustellen. (Die Möglichkeiten der farbigen Veränderung eines Bildfeldes waren ihnen aus vorausgehenden Malaufgaben bekannt.) Während des Legens der Farbwürfel sollten zur Verfilmung geeignete Themen gefunden werden. Die Gruppe schlug eine größere Anzahl möglicher Themen vor und einigte sich schließlich auf acht Szenen: 1. Farben tauchen unter. 2. Farben blühen im Grün auf. 3. Explosion. 4. Gelb schlängelt sich durch Grün. 5. Violette Umkreisung. 6. Zwei Farben gehen aneinander vorbei. 7. Orange zerfließt. 8. Gelb errötet.

In einem Nebenzimmer bauten jeweils zwei Schüler ein Farbmosaik von 30 × 21 cm auf. Während der Einzelaufnahmen, die der Lehrer besorgte, nahm immer einer der beiden Schüler die Würfel heraus, die der andere auf die gewünschte Farbseite drehte und wieder ins Bild setzte. (Die Aufnahmevorrichtung wurde durch einen Ventilator und einen Wärmeschutz ergänzt, um so ein längeres Arbeiten unter der heißen Filmlampe zu ermöglichen.) Die Entscheidung für den Farbwechsel eines Würfels lag bei den Schülern, die sich meist mehrere Farbveränderungen ausdachten, bevor sie die nächste Phase fertigstellten.

Erfahrungen

Obwohl jede der acht Szenen thematisch begrenzt war und sich auch durch das ausgelegte Farbmosaik eine bestimmte Ausgangssituation ergab, wurden von den Schülern zunächst viel zu viele Lösungen erwogen. Während des Legens bot sich dann allmählich ein bestimmter Lösungsweg an, der von der jeweiligen Zweiergruppe gegen das Ende zu immer entschiedener verfolgt wurde.

In der ersten Szene ließen die Schüler zuerst alle Farben außer Rot und „etwas" Grün „versinken". In der 3. Szene erfolgte die Explosion in den Farbstufen Rot – Orange – Gelb.

Bei der 4. Szene ergaben sich durch Zufall zwei Ereignisse, die gleichzeitig und gegenläufig abliefen. Mit der Bewegung, die durch das Thema gegeben war, mußte auch der Bildgrund verändert werden. Um die „Farbschlange" fortzubewegen, mußte der Würfel, der vor dem Schlangenkopf lag, in der Bewegungsrichtung nach Gelb umgedreht und der letzte Würfel der Schlange wieder als Grundfarbe eingesetzt werden. Hier entschieden sich die Schüler nach der jeweiligen farblichen Situation für Blau oder Grün (Abb. 26).

Form-Grund-Beziehung

In den folgenden Aufgaben geht es um die Einordnung der Zeichengebilde in das Bildformat und um die Ordnung aller Teile zum Bildganzen.

Ausgangspunkt sind Zeichnungen und Malereien vorschulpflichtiger Kinder, in denen Bildformen und Farben meist grenzhaft abgeschlossen auf die Bildfläche gesetzt werden. Im Kunstunterricht sollen darüber hinaus die Formen (Farben) und der sie umgebende Grund wechselseitig aufeinander bezogen werden.

Die Schüler sollen dabei erfahren, daß die Wirkung einer Farbe von der angrenzenden Nachbarfarbe abhängt (z. B. 27. Aufgabe); daß Formgefüge (s. „Bildfiguren", 28. Aufgabe) mit reich gegliedertem Umriß weitgehend von dem sie umgebenden Grund bestimmt werden; daß im Wechsel positiver und negativer Formen, heller und dunkler Farben eine enge Verzahnung und damit allmählich eine Gestalteinheit entsteht, in der alle Bildteile mit dem Bildgrund zu einem Ganzen verbunden sind.

Entsprechende Aufgaben können zunächst eine Beachtung des Grundes als „Außenräumliches" (Klee) herbeiführen. Sie zielen in der Folge zunehmend auf die wechselseitige Beziehung von Form und Grund ab. Sie läßt sich durch simultane, im Verlauf des bildnerischen Prozesses alternierende innenräumlich-außenräumliche Behandlung (auf den Grund zu – zur Form hin) der Bildformen herstellen.

Aufgaben, in denen Farben und Formen auf einen bereits farbig vorbereiteten (getönten, gemalten) oder strukturierten Grund gesetzt werden (z. B. 30. Aufgabe), bereiten zwar die Form-Grund-Beziehung vor, sie bringen aber noch keine Lösung des Problems.

27. Aufgabe

Bildnerische Probleme: Figur-Grund-Bezug, Herstellung eines Farbzusammenhangs durch Abwandlung im Bereich weniger Farben
Mittel: Farbflächen, Hell-Dunkelkontrast, Qualitätskontrast
Verfahren: Deckfarbenmalerei
Werkmittel: Papierformat DIN A2, Dispersionsfarben, Borstenpinsel
Begriffe: Farbfläche, Bewegung, Bildfigur, Kontrast

Thema: Schlangenbaum

Zur Aufgabe
(3. Schuljahr, Jungen/Mädchen)

Mit der Schlangengruppe ist ein flächengliedernder Bewegungsablauf motiviert. Zugleich wird mit dem Thema eine ganz bestimmte Farbskala angesprochen. Die Zwischenräume des Bildgerüstes „Schlangenbaum" sollen von Anfang an in den Malprozeß einbezogen werden. Ziel der Aufgabe ist, unter Betonung des Figur-Grund-Bezugs, die Herstellung einer strukturellen farbigen Ordnung.

Bericht über die Stunde
(3 Stunden)

Der Lehrer erinnerte einführend an einen Zoobesuch, bei dem die Klasse eine Schlangengruppe auf einem dürren Ast beobachtet hatte. Dabei wurde festgestellt, daß Schlangen vorzugsweise in einer heißen Umgebung anzutreffen seien, an Stellen, die Wärme ausstrahlen.
Angesichts einer breiten Skala von Disper-

Abb. 27/1

sionsfarben (sogen. Abtönfarben, in 1-kg-Plastiktuben in Farbgeschäften und Drogerien erhältlich) sollte die Klasse entscheiden, welche begrenzte Auswahl sie verwenden wollte. Die Schüler wählten Rot, Braun und Gelb und schieden Blau, Grün und Violett aus. Der Lehrer stellte ergänzend Schwarz und Weiß bereit.

Während des Malens wies der Lehrer mehrfach auf die gleichzeitige Einbeziehung der den Schlangen benachbarten Farbflächen hin. Bei einer Besprechung der Zwischenergebnisse stellten die Schüler fest, daß in einem Bild nicht nur ein Mensch oder ein Tier wichtige Figuren darstellten, daß ein Ast oder Stein oft genauso wichtig sein könne. Nachdem der Lehrer in dieser Phase der Reflexion den Begriff *Bildfigur* eingeführt hatte, vermochten die Schüler auch die Erfahrung zu formulieren, daß man eine Bildfigur durch benachbarte Farben herausheben könne. Diese Erkenntnis führte zu dem Begriff *Kontrast* und der Feststellung, daß sich die Kontrastfarben der Bewegung der Bildfiguren anschließen könnten. Letztlich wurde einsichtig, daß Figur und Grund gegenseitig aufeinander einwirken.

Abb. 27/2

Erfahrungen

Die sprachliche Fassung der im Malprozeß
gewonnenen Einsichten bedeutete, auch in
den als Fremdwörtern auftretenden Fachtermini, für die Schüler eine wesentliche
Hilfe. Sie sahen in der Folge Schlangen und
Äste nicht mehr als ausschließliches Ziel
der Darstellung, sondern als Anlaß, Farb-
spuren zu organisieren und den Bildgrund
als „heiße" Umgebung der Schlangen farbig zu charakterisieren (Abb. 27/1 und
27/2).

28. Aufgabe

Bildnerische Probleme: Figur-Grund-Bezug, Ausformung und Gruppierung von Zeichen, Differenzierung der Kontur
Mittel: Lineare Formen, Schwarz-Weiß, Kontur
Verfahren: Schwarzpapierschnitt
Werkmittel: Schwarzer Karton DIN A4, weißer Grund DIN A3, Schere, Schneidefeder, Klebstoff
Begriffe: Bildfigur, Schnittspur, Randbewegung, positiv – negativ

Thema: Unterwasser-Blumentier (in freier Anlehnung an Seerose, Seenelke, Polypenstock)

Abb. 28/1

Zur Aufgabe
(4. Schuljahr, Mädchen)

Die „fleischfressenden Pflanzen" der 8. Aufgabe liefern hier das Motiv für einen großformatigen Schwarzpapierschnitt. Die mit dem Thema verbundene formbildende und formgliedernde Bewegung dient als Ausgangspunkt für die Gestaltung freier, zusammengesetzter Formen. Die „Fangarme" werden, über den gegenständlichen Bezug hinaus, zur autonomen Bildfigur.
In dem technisch recht anspruchsvollen Verfahren tritt der zeichenhaft-semantische Aspekt zugunsten der Syntax schwarz-weißer, linearer Formen zurück: Die Unterwasser-Blumentiere sehen im Papierschnitt nicht mehr so „gefährlich" aus wie in den Zeichnungen (Abb. 8/1–8/8). Der Schwarzpapierschnitt tendiert zur Ausbildung einer differenzierten, reich gegliederten Silhouette. Diese ist weitgehend abhängig von der vom Inneren ausstrahlenden linearen Bewegung. Das Herausarbei-

Abb. 28/2

ten schwarzer Schnittspuren führt zur Beachtung der damit gleichzeitig entstehenden weißen Formen. In der Wechselwirkung von „gemeinten" positiven und negativen Formen kann der Schüler die Beziehung von Form und Grund im graphischen Bereich erfahren.

Bericht über die Stunde
(2 Doppelstunden)

In der Mädchengruppe wurde vor allem auf die gegenständliche Vorstellung von Unterwasser-Lebewesen abgezielt, deren Fangarme sich – ausgehend von einem festen Kern – im Wellengang bewegen.
Die Begriffe *Zentrum* und *Rhythmus* waren den Mädchen bereits bekannt. Hieraus ließen sich Vorstellungen einer Randbewegung ableiten. Das freie Hantieren mit der Schneidefeder, ohne Vorzeichnung, sowie ständiges Ausprobieren der Silhouettenwirkung durch Auflegen auf weißes Papier führten über die einseitige Beachtung der schwarzen Fangarme hinaus: Die mit der Schnittspur entstehenden weißen Formen wurden gleichermaßen gesehen und berücksichtigt.
Von dieser Beobachtung ausgehend ließen sich zu Beginn der zweiten Doppelstunde die Begriffe *positiv* und *negativ* einführen.

Erfahrungen

Die Abb. 28/1 und 28/2 zeigen die Bemühungen zweier Schülerinnen, ihr Blumentier durch progressive Richtungsveränderung der Schnittspuren in verschiedene Bewegungsabläufe zu gliedern, um dadurch eine individuelle *Bildfigur* zu erreichen (vgl. die 27. Aufgabe, welche in derselben Klasse im 3. Schuljahr vorausgegangen war).

Weitere Themen

Das Stachelschwein richtet seine Stacheln auf; dem Struwwelpeter sträuben sich die Haare; vielarmiger Krake; Qualle; das Schlangenhaupt der Medusa

29. Aufgabe

Bildnerische Probleme: Figur-Grund-Bezug einer Tierfigur
Mittel: Schwarzfläche, Strukturierung, Hell-Dunkel
Verfahren: Linolschnitt
Werkmittel: Linolplatte 30 × 18 cm, Makulaturpapier, Japanaqua-Druckfarbe, Geißfuß, Flachaushebel
Begriffe: massig, großflächig, Werkspur, Hell-Dunkel

Thema: Der Preisstier

Zur Aufgabe
(4. Schuljahr, Jungen/Mädchen)

Das Thema weckt die Vorstellung eines massigen Tierkörpers, der zudem mit Hörnern, Ohren, Schwanz und Beinen zu einer markanten Schwarzsilhouette führen kann. Letztere wird, im Gegensatz zu vorausgegangenen Papierschnitten (vgl. 28. und 43. Aufgabe), nicht ausgeschnitten, sondern aus dem Grund der Linolplatte herausgearbeitet. In der rhythmisch bewegten Werkspur kann eine organische Verbindung von Form und Grund hergestellt werden.

Bericht über die Stunde
(2 Doppelstunden)

Die Aufgabe war zugleich mit der Einführung in die Technik des Linolschnittes verbunden. Die Bleistiftaufzeichnung eines Stiers auf der Linolplatte, wahlweise in der Motivation eines Stierkampfs, wurde zunächst mit dem Geißfuß in einen Weißlinienschnitt umgesetzt. Ein Probeabzug befriedigte die Neugier über die Wirkung des Hochdrucks. Er stellte gleichzeitig das Problem eines deutlicheren Heraushebens

des „Gemeinten" – Schwarz auf Weiß – vor
Augen. Nach einer Bearbeitung der dem
Weißlinienumriß benachbarten Randzone
sahen die Schüler, daß auch leichtere
Werkspuren genügend Kontrastwirkung
brachten. Die Möglichkeit einer Strukturierung des Grundes wurde ebenso genutzt
wie die Andeutung einer Fellstruktur.

Erfahrungen

Das einfache, zu großen Formen führende
Thema und das frühzeitige Anfertigen von
Zwischenabzügen ließen das erste Ken-
nenlernen einer druckgraphischen Tech-
nik relativ unkompliziert verlaufen. In bei-
den Drucken, Abb. 29/1 und 29/2, wird der
Übergang vom linearen Ansatz zur Hell-
Dunkelstrukturierung ersichtlich.

Möglichkeiten der Bildbetrachtung

Thomas Bewick, „Der wilde Stier", Holz-
stich 1789
Bildnerische Probleme: Figur-Grund-Bezug, Strukturen von Fell und Baumschlag

Pablo Picasso, „Der Stier III", 18. 12. 1945,
Lithographie
Bildnerische Probleme: Prägnante, zei-
chenhafte Ausformung der Stiergestalt,
Fellstrukturen

Abb. 29/1

Abb. 29/2

Differenzierung
und Ordnung von Farben

Die folgenden Aufgaben haben ihren Ausgangspunkt im spontanen, intuitiven Umgang der Kinder mit Farben.
Der Kunstunterricht zielt auf ein bewußtes Unterscheiden und Ordnen von Farben ab. Dabei sollen Farbbeziehungen hergestellt und farbige Zusammenhänge entwickelt werden. Dies ermöglicht erste Reflexionen über Wirkung und Funktion von Farben. Ein Ansatz besteht dabei in der Farbe-Form-Relation, durch welche die visuelle Welt erst erkennbar wird.
In einigen Aufgaben wird die Aufmerksamkeit der Kinder durch die gegenständlich-inhaltliche Motivation auf die Farbe gelenkt. Die Wechselwirkung zwischen dem Motiv in seiner zeichenhaften Ausformung und der entstehenden Farbigkeit führt zu farbiger Differenzierung (u. a. 30. Aufgabe). Ein anderer stimulierender Anstoß zum Ordnen von Farben liegt in dem spezifischen Angebot farbiger Materialien, z. B. farbiger Papiere (32. Aufgabe), und Verfahren, z. B. Malen mit pastosen Dispersionsfarben (37. Aufgabe). Neben Wachskreiden sollten in der Grundschule Deck- und Wasserfarben sowie farbige Papiere jeder Art so früh wie möglich verwendet werden.
Schließlich muß als wesentlicher Ansatz für den Umgang mit Farben die kindliche Fähigkeit gesehen werden, Farbe „urphäno-menal" (Staguhn) zu erleben. In nicht wenigen Malereien vorschulpflichtiger Kinder wird die Farbe autonom, unabhängig von einem gegenständlichen Bezug, eingesetzt. Im Unterricht können Aufgaben, in denen Darstellungstendenzen und daraus entspringende Formprobleme hintangesetzt werden, die direkte Auseinandersetzung mit Farben provozieren (vgl. u. a. 33. oder 35. Aufgabe).
Farbige Probleme ergeben sich in den ersten Schuljahren vor allem aus dem Zuordnen reiner und gemischter Farben, der Differenzierung durch Mischung der Grundfarben und ihre Aufhellung mit Weiß. Dabei können erste Erfahrungen mit Farbkontrasten gemacht werden; z. B. im Farbe-an-sich-Kontrast, im Qualitäts- und Quantitätskontrast.
Im 3./4. Schuljahr geht es vorwiegend um die weitere Differenzierung durch Abwandlung im Bereich einer Farbe, durch ihre Mischung mit Weiß und Schwarz, durch Aufhellung, Brechung und Trübung von Farben.
Dazu kommt die Differenzierung malerischer Verfahren im deckenden, pastosen oder lasierenden Farbauftrag, durch Einbeziehung unterschiedlicher Farbkonsistenzen und verschiedener Malgründe. Die Schüler können dabei erste Erfahrungen über den Einfluß von Material und Werkmittel auf den Malprozeß gewinnen (daß sich z. B. durch den Pinselduktus fleckhafte Setzung erzeugen läßt).

30. Aufgabe

Bildnerische Probleme: Farbdifferenzierung durch Überlagern und Mischen reiner Farben, Steigerung der Farbigkeit durch Weißbeimischung
Mittel: Farbfleck, Farbfläche, Qualitätskontrast matt – leuchtend
Verfahren: Kreidemalerei
Werkmittel: Schwarzer Karton 25 × 17 cm, Wachskreiden
Begriffe: malen, darübermalen (mischen), weißgelb, rotgelb, grüngelb

Thema: Der goldene Vogel

Abb. 30/1

Zur Aufgabe
(Gruppe einer Vorschulklasse Jungen/Mädchen)

Das Thema (nach einem Märchen der Brüder Grimm) bietet einen starken Anreiz zur Herstellung „goldener" Farben. Zusätzlich läßt sich mit dem geheimnisvoll aufleuchtenden nächtlichen Märchenvogel die Verwendung von Weiß zur Aufhellung der Farbskala motivieren. In der Wachskreidetechnik bedeutet dies ein Übereinanderschichten, und damit Mischen und Differenzieren, unvermischter Farben. Dies sowie das *Benennen* der Farbmischungen ist das eigentliche Lernziel. Die Konzentration auf die Figur des Vogels ermöglicht ein Arbeiten in großen Farbflächen.

Abb. 30/2

Bericht über die Stunde
(1 Stunde)

Die Kinder fanden auf ihrem Platz das für sie ungewohnte Schwarzpapier vor. Auf den Hinweis des Lehrers, daß darauf gemalt werden solle, äußerte ein Junge spontan: „Da kann man aber nicht alle Farben gut drauf sehen", und ein anderer: „Da muß man Weiß dazu nehmen!" Dies lenkte die Aufmerksamkeit der Kinder auf den weißen Farbstift, der bisher in ihrer Wachskreideschachtel gefehlt hatte und für die Stunde zusätzlich beigelegt worden war. Nachdem der einleitende Abschnitt des Grimmschen Märchens erzählt worden

Abb. 30/3

Abb. 30/4

mit der Aufforderung, geeignete Farben und Mischungen für den goldenen Vogel zu finden.

Nach etwa 20 Minuten zeigten die Kinder in einer kurzen Zwischenbesprechung ihre Ergebnisse. Sie stellten dabei fest, daß es „verschiedene Goldfarben" gebe. Für die Benennung wurden Weißgold, Rotgold und „Grünlichgold" vorgeschlagen. Die Überlegung, daß der Märchenvogel in mehreren Goldfarben schimmern könne, regte die meisten Kinder dazu an, Farbmischungen der Mitschüler für das eigene Bild zu übernehmen.

Die *Analyse* der Arbeitsergebnisse wurde mit der direkten Frage eingeleitet: „Warum habt ihr heute wohl den goldenen Vogel gemalt?" Nach Antworten wie: „Damit wir nachher die Geschichte besser erzählen können", und „Weil er schön ist", bemerkte ein Junge: „Damit wir sehen können, wie Gold aus Schwarz herausleuchtet", und ein anderer: „Damit wir wissen, wie man mit Weiß die Farben heller macht!"

Erfahrungen

Die Kinder erreichten das Lernziel, ohne daß dadurch das Märchenerlebnis beeinträchtigt worden wäre. Die Geschichte vom Prinzen, der auf nächtlicher Wacht im Garten des Königs einen Pfeil auf den Vogel abschießt, beschäftigte die ganze Stunde über die kindliche Vorstellung. Soweit die Bildfläche noch dazu Platz bot, wurden die Figur des Prinzen, die kostbare Feder, die der Vogel durch den Pfeilschuß verliert (Abb. 30/1), sowie der Baum mit den goldenen Äpfeln beigefügt. Das kostbar schimmernde Gold blieb, bei allem sachlichen maltechnischen Interesse der Kinder, ein Motiv, welches ihr Gefühl und ihre Phantasie stark bewegte. Abb. 30/1 zeigt die Ma-

war, schlug ein Junge als Thema „zum Beispiel den goldenen Vogel" vor. Auf die Frage, wie man denn sein goldenes Gefieder malen könne, wenn es dafür keinen goldenen Wachsmalstift gebe, schlugen die Kinder verschiedene Mischungen vor, u. a. „viel Weiß und Gelb, und ein bißchen Rot darübergerieben". Die Einführung schloß

lerei eines Mädchens, in der Rumpf, Schwanz und Flügel des Vogels, die Krone des Prinzen und die Feder rechts oben in verschiedenen goldenen Tönen gehalten sind. (Der Rumpf zeigt z. B. Weiß, Gelb, Orange und wieder Weiß in mehreren Schichten über- und ineinandergemalt.) Insgesamt auffällig war die spontane Bereitschaft der Kinder, sich von Anfang an den farbigen Problemen der Aufgabe zuzuwenden und sich dazu ohne jede Scheu zu äußern, obwohl dies die erste Malstunde war, in der eine bestimmte Aufgabe gelöst werden sollte. Die Freude der Kinder, etwas Schönes gemalt *und* dabei etwas gelernt zu haben, war am Ende der Stunde nicht zu übersehen.

Methodisch-didaktische Alternative
(1. Schuljahr, Jungen/Mädchen)

Das „Federkleid" des Märchenvogels legt die Ausführung als *Collage* nahe. Im goldenen Gefieder ist die Möglichkeit einer gewissen farbigen Differenzierung gegeben. In einer Klasse des 1. Schuljahrs vermochte der Hinweis auf den metallischen Charakter der Federn, in Verbindung mit der Schilderung eines geheimnisvollen Rauschens in der Luft, bei den Kindern die Vorstellung eines *schweren* und damit *großen* Vogels zu wecken.
Die Buntpapierarbeit eines Mädchens (Abb. 30/2) zeigt Gold- und Silberpapier in großen Flächen (Rumpf, Flügel), die durch kleinere Farbflecken (Federn) akzentuiert sind. Zu Gelb, Orange und Rot werden, in kleineren Anteilen kontrastierend, Hellblau und Grün gesetzt.
Bei wahlweiser Verwendung von farbigen Ausschnitten aus Zeitschriftenanzeigen ist eine stärkere farbige Differenzierung festzustellen. Die Collage eines Jungen (Abb.

30/3) zeigt eine Farbzusammenstellung, die er mit Buntpapier oder Wasserfarben wohl nicht erreicht hätte. Zu warmen rötlichgoldenen Tönen (Rumpf, Kopf, Beine) werden kontrastierend bläuliche Metallfarben gesetzt. Die einzelnen Flecken sind nur als Farbwerte gesehen. Die Möglichkeiten verschiedenartiger Strukturierung hat der Schüler noch nicht erkannt. Er bevorzugt aber, dem Thema entsprechend, Metall mit metallisch wirkender Oberfläche (vgl. 32. Aufgabe).

Weitere Themen

Der „Federehannes" als Fastnachtsfigur; die Prinzessin Allerleirauh in ihrem Fellmantel (nach den Brüdern Grimm); der Strohochse (russisches Märchen).

Methodisch-didaktische Alternative
(2. Schuljahr, Jungen/Mädchen)

In einem 2. Schuljahr wurde der goldene Vogel als *Wachssgraffito* bearbeitet. Diese Technik ermöglicht sowohl malerisch flächige als auch graphische, ornamentale oder strukturierende Lösungen. Letztere lassen sich mit den kostbaren *Federn* des Vogels motivieren, von denen eine – dem Märchen zufolge – „mehr wert war als das gesamte Königreich". Die recht aufwendige Kratztechnik wird dann sinnvoll, wenn bereits mit der technischen Vorbereitung bestimmte Farbprobleme angesprochen sind. Das wahllose Grundieren mit sämtlichen vorhandenen Wachsfarbstiften kann zwar eine effektvolle Buntheit bewirken, diese steht dann aber in einem nur sehr zufälligen Zusammenhang mit den später herausgeschabten Formen.
Im vorliegenden Beispiel gab das sorgfältige Herstellen des 21 × 15 cm großen

Abb. 30/5

Wachsmalgrundes den Schülern Gelegenheit, sich in der ersten Stunde speziell mit Gold-, Sonnen- und Feuerfarben zu befassen (vgl. 33. Aufgabe). Das Überdecken mit schwarzer oder blauer Emulsionsfarbe (Dispersions-, Plaka- oder Tammafarben) besorgte der Lehrer in der Vorbereitung der 2. Stunde. Die besonderen bildnerischen Möglichkeiten der Technik liegen in dem allmählichen Herausarbeiten leuchtend farbiger Formen aus dem dunklen Grund. Bei mehr graphischem Vorgehen, im Sinne einer farbigen Zeichnung, bestehen Ansätze für den späteren Weißlinienschnitt, für Glas- und Folienradierungen und Hinterglasbilder. Auf Abb. 30/4 hat sich ein Junge

speziell mit dem Gefieder des Märchenvogels befaßt.

Andere Lösungen zeigen den Vogel als leuchtende Flächenform, teilweise unter Einbeziehung von Mond und Sternen, der Figur des Prinzen und des Märchengartens in die Bildkomposition (Abb. 30/5).

Weitere Themen

Rotfeuerfisch; der „rote Hahn"; der Feuervogel; Feuerteufel

Möglichkeiten der Bildbetrachtung

Goldfasan als japanischer Farbholzschnitt oder Farbfotografie

31. Aufgabe

Bildnerische Probleme: Hell-Dunkel-Wertigkeit der Farbe, feinere Farbunterscheidungen, Beziehungsgefüge von Zeichen
Mittel: Farbfläche, Farbfleck, Linie
Verfahren: Bildanalyse, Kunstbetrachtung anhand eines Farbdrucks (Hanfstaengel, München)

Paul Klee, *„Der goldene Fisch"*, 1925/26, Staatliche Kunsthalle Hamburg

Zur Aufgabe
(1. Schuljahr, Jungen/Mädchen)

Der Bildbetrachtung ging eine Wachsfarbenmalerei voraus, in der unter dem Thema „Zauberer Nebel" reine und gebrochene, mit Weiß gemischte Farben einander gegenübergestellt worden waren. Die Kinder stellten dabei einen Unterschied von „bunten" und „grauen" Farben fest.
Im Beispiel des „goldenen Fisches" sollen diese Erfahrungen vertieft und erweitert werden. Zugleich gibt diese erste Kunstbetrachtung Anlaß, einen überschaubar gegliederten Formbestand zu beschreiben und zu benennen.

Bericht über die Stunde
(20 Minuten)

Die Kinder saßen im Halbkreis um das Bild. Sie äußerten sich spontan und ohne Scheu: „Das ist ein komischer Fisch,... ein Aquariumfisch." – „Der hat so Haare als Flossen." – „Der ist rot, hat so ein rotes Auge."

– „Der ist auch gelb und etwas weißlich."
Auf die Frage des Lehrers, warum wohl der große Fisch allein in der Mitte des Bildes schwimme, bemerkten die Kinder: „Weil die anderen (Fische) Angst haben." – „Weil er so schimmert,... die kleinen Fische sind dunkel." – „Die schwimmen alle weg, die denken, der frißt sie auf." – „Am Maul hat er auch Haare, vielleicht saugt er die anderen Fische damit ein."
Zur Frage, warum die Farben des großen Fisches „so schimmerten", wurde geäußert: „Das ist ein Goldfisch." – „Die Farben sind gemacht,... sie sind gemischt." – „Er schimmert, weil das Wasser so dunkel ist." – „Das Blau ist dunkel."
Einen Bezug zur vorausgehenden Aufgabe sahen die Kinder: „...weil wir da auch leuchtende und dunkle Farben gemalt haben."

Erfahrungen

Die Erstkläßler haben die märchenhafte Grundstimmung des Bildes erfaßt. Sie wird von ihnen aber real interpretiert: „Ein komischer Aquariumfisch" mit „Haaren" anstelle von Flossen.
Die Kinder stellen auch einen Wirkungszusammenhang zwischen der isolierten Stellung des großen goldenen Fisches und den auseinanderstrebenden kleineren Fischen her. Sein haariges Fransenmaul wird als Zeichen für eine gewisse Gefährlichkeit aufgefaßt (vgl. die „fleischfressenden Pflanzen" der 8. Aufgabe). Neben Äußerungen zum Inhalt fließen auch schon Anmerkungen zum formalen Bildbestand ein.

32. Aufgabe

Bildnerische Probleme: Aufbau und Gliederung eines Farb-Formkomplexes in unterschiedlichen Strukturen
Mittel: Farbfläche, Farbfleck, Struktur, Muster
Verfahren: Collage
Werkmittel: Zeichenbogen 42 × 29 cm, farbige Ausschnitte aus illustrierten Zeitschriften und Warenhauskatalogen, Klebstoff, Schere
Begriffe: glitzernd, glänzend, schimmernd, matt

Thema: Die künstliche Nachtigall

Zur Aufgabe
(4. Schuljahr, Jungen/Mädchen)

Das Thema ist dem Andersenmärchen von der chinesischen Nachtigall entnommen. Die „künstliche Nachtigall des Kaisers von Japan" vermag Vorstellungen des fremdartig Prächtigen, von Gold, Silber, Perlen und Edelsteinen zu wecken. Zugleich kann die Schilderung des Uhrwerks im Inneren des Kunstvogels den Eindruck einer rasselnden, schnurrenden Mechanik, von Schrauben, Rädchen und sich drehenden Walzen vermitteln.
Für die Wahl der Collage spricht die damit verbundene Tätigkeit des *Montierens aus*

Abb. 32/1

Abb. 32/2

vorgefertigten Teilen. Die Verwandlung vorgefundener Dinge in ein künstliches, kostbares Gebilde fordert die Umgestaltungsfähigkeit der Schüler heraus. Indem ihre Aufmerksamkeit auf Fertigteile wie Ketten, Armbänder, Ringe und Zifferblätter gelenkt wird, erweitert sich das kindliche Zeichenrepertoire, das sich im Zeichnen und Malen in einem relativ begrenzten Rahmen bewegen würde. Der thematische Aspekt verweist auf eine ganz bestimmte metallisch-mineralische Farbigkeit und entsprechende Strukturen.

Bericht über die Stunde (2 Stunden)

Nach Einführung der Aufgabe beschränkte sich der Lehrer darauf, die Klasse über Funde und Entdeckungen einzelner Schüler zu informieren. Die zunehmende Objektivierung des bildnerischen Prozesses ließ dies allmählich entbehrlich erscheinen.
Die 2. Stunde begann mit einer kurzen Analyse der Zwischenergebnisse. Die Schüler stellten in manchen Arbeiten ein „Durcheinander", ein allzu heterogenes Farb-Formkonglomerat fest. Gleichzeitig wur-

den Überlegungen zu einem gezielten Einsatz „herausstechender" Farben und Formen angestellt.

Erfahrungen

Das Prinzip der Collage war der Klasse unbekannt. Die Auswahl der Zeitungsausschnitte bereitete anfangs Schwierigkeiten. Die Entdeckung spezieller Schmuck- und Uhrenseiten in einem Versandhauskatalog durch eine Tischgruppe regte dann auch die übrigen Schüler zu gezieltem Sammeln und zu gegenseitigem Austausch geeigneten Materials an, bewirkte aber zugleich eine etwas enge Auslese im Bereich der Bijouterie. Die Verwendung von Maschinenteilen, Rädern u. ä. trat demgegenüber zurück.

Viele Kinder suchten anfangs noch eine Bestätigung der Verwendbarkeit ihrer gefundenen Teile. Nach dem Hinweis, daß gerade seltsame Dinge zu gebrauchen seien, und mit fortschreitender Montage- und Klebearbeit wuchs auch die Sicherheit im selbständigen Suchen, Sammeln, Ordnen, Verwerfen, Probieren und Kleben.

Die Schüler der Arbeiten Abb. 32/1 und 32/2 begannen jeweils mit dem Rumpf. Im ersten Beispiel wurde eine vorgefundene Eiform mit Schmuckstücken besetzt, im zweiten ist der Formkomplex des Vogels aus schweren, goldenen Armbändern gefügt. Lediglich die Flügel sind als Perlenmuster unterschieden. Auffällig ist hier die Konsequenz, mit der verwandte Farben und Formen zusammengetragen wurden. Das aus einer Türkisbrosche hergestellte Auge steht in einem ausgeprägten Quantitätskontrast zu der insgesamt braungoldenen Farbigkeit. Die Erfindung eines „Kettenschwanzes" wurde von mehreren Schülern übernommen.

33. Aufgabe

Bildnerische Probleme: Differenzierung von Rot und Gelb; Flächenaufteilung
Mittel: Farbfleck, Farbfläche
Verfahren: Wachskreidemalerei
Werkmittel: Papierformat DIN A5, Wachskreiden
Begriffe: leuchtende, kräftige Farbe

Thema: Alle Farben der Sonne („Sonnenfelder")

Zur Aufgabe
(2. Schuljahr, Jungen/Mädchen)

Unter dem emotionalen Aspekt, alle Farben der Sonne vom Aufgang bis zum Sonnenuntergang zu malen, eröffnet sich den Kindern ein direkter Zugang zur Farbe. Sie wird dabei – ganz selbstverständlich und ohne trockene Formalismen – zum autonomen bildnerischen Problem.

Bericht über die Stunde
(1 Stunde)

Die Aufgabe war zunächst als Vorarbeit für ein Wachssgraffito (30. Aufgabe) geplant. Die Einführung konnte knapp gehalten werden, da sich die Klasse im heimatkundlichen Sachunterricht mit dem Tageslauf der Sonne beschäftigt hatte. Die Kinder zeigten sich vor allem sachlich interessiert und deuteten von sich aus bereits praktische Möglichkeiten der bildnerischen Realisierung an. So bemerkte z. B. ein Mädchen: „Am Mittag ist die Sonne ganz hell und heiß – ein bißchen Gelb mit viel Weiß darübergerieben."
Schwieriger erschien zunächst die Frage des großformig fleckhaften oder flächen-

haften Zuordnens von Farben. Die Lehrerin lenkte den Blick zunächst auf Blumen, welche auch auf der Erde die Farben der Sonne zeigten. Um nicht die Vorstellung von allzu kleinen, pointillistischen Farbtupfern aufkommen zu lassen, wies sie darauf hin, daß oft viele Blüten einer Farbe in großen, leuchtenden *Feldern* zusammenstünden. Ein Mädchen sprach daraufhin spontan von „Sonnenfeldern". Dieser Ausdruck wurde zum Schlüsselwort für die Aufgabe. Mit ihm gelang die Verständigung über das Unterrichtsziel. Ohne weiteres Zutun der Lehrerin vermochten die „Sonnenfelder" die kindliche Form- und Farbphantasie während der ganzen Stunde zu aktivieren.

Erfahrungen

Die *Sonnenfelder* waren als Schlüsselwort nicht vorausgeplant, doch erfaßte die kindliche Bezeichnung den Kern der Aufgabe, indem damit intuitiv ein Ordnungsgefüge im Sinne von Kraftfeld, Spannungsfeld, Bildfeld angesprochen wurde. Als sprachliches Signal bewirkte sie mehr für die kindliche Bildvorstellung als der umständlich geplante, gekünstelte Vergleich der Lehrerin.

Die abgebildeten Malereien zeigen, daß die Aufgabe von den Kindern in einem ganz ursprünglichen, autonomen farbigen Sinn verstanden wurde.

In Abb. 33/1 sind intuitiv Komplementärfarben (Violett, Blau, Grün) gesetzt, welche die farbige und formale Spannung erhöhen. Die unregelmäßigen Fleckformen wurden im Verlauf der Arbeit vergrößert. In Abb. 33/2 wurde von Anfang an eine großflächige Lösung gesucht.

Etwa die Hälfte der Klasse gliederte die Bildfläche in verschieden große Rechteck-, Trapez- und Dreieckformen in teppich- oder mauerartigen Mustern. Eine stereotype Geometrisierung war in keiner Arbeit festzustellen.

Die Aufgabe zeigt, wie bereits – und gerade – in den ersten Schuljahren ein zunächst gegenständlich-inhaltlich motiviertes Thema ganz selbstverständlich abstrahiert wird. Die Grenze zur gegenstandsunabhängigen Konkretion von Form und Farbe erscheint bereits überschritten. Die Klasse ging diesen Weg ohne daß im Unterricht eine forcierte formale Beeinflussung stattgefunden hätte – ähnlich, wie dies in Einzelfällen bei vorschulpflichtigen Kindern beobachtet werden konnte.

Abb. 33/1

Abb. 33/2

Methodisch-didaktische Alternativen

Unter dem thematischen Aspekt von Farben in bestimmten Jahreszeiten (z. B. vieler grüner Frühlingsfarben oder Winterfarben, s. 35. Aufgabe) läßt sich ganz allgemein die Sensibilität für farbige Erscheinungen der Umwelt entwickeln. In einer Klasse des 2. Schuljahrs lieferte das Thema „Rosenfarben" eine den Sonnenfarben verwandte Motivierung. In derselben Klasse entstand ein „Blätterdach" für die Tiere des Waldes, das aus vielen gründifferenzierten Farbflächen aufgebaut wurde.

34. Aufgabe

Bildnerische Probleme: Differenzierung von Blau und Grün durch Mischung mit Weiß; Form-Grund-Bezug
Mittel: Qualitätskontrast stumpf – leuchtend, Farbfläche, Farbfleck, Musterung
Verfahren: Deckfarbenmalerei
Werkmittel: Papier DIN A3, Dispersionsfarben, Borstenpinsel
Begriffe: stumpfe Farbe, leuchtende Farbe, kalte Farben, Farbton

Thema: Das Schloß des Winterkönigs

Zur Aufgabe
(3. Schuljahr, Jungen/Mädchen)

Beim *Schloß* des Winterkönigs können in dieser Altersstufe vor allem Bildzeichen für *Türme* und *Mauern* erwartet werden. Dies motiviert den Aufbau eines Gefüges differenzierter Farbflächen. Die Schüler sollen dabei erfahren, daß die Farben Grün und Blau, mit Weiß gemischt, den Eindruck von Kälte bewirken.

Bericht über die Stunde
(2 Stunden)

Der Lehrer erzählte, in Anlehnung an das Andersenmärchen „Die Schneekönigin", vom Schloß des Winterkönigs, dessen Mauern aus mächtigen, schimmernden Eisblöcken bestehen.

Das Malen wurde wesentlich erleichtert durch eine begrenzte, akzentuierte Auswahl von Dispersionsfarben, die jeder Tischgruppe in die Vertiefung von Eierlagen aus Plastik gefüllt worden waren. Plastikteller dienten als Mischpalette. Breite Borstenpinsel begünstigten das Setzen fest begrenzter Farbflächen. Die Mischung mit Weiß war zunächst, in der Assoziation von Schnee und Eis, emotional begründet. Nach einer *Analyse* der Zwischenergebnisse und der Einführung des Begriffs *Farbton* mischten und differenzierten die Schüler die Farben sehr viel entschiedener.

Abb. 34/1

Erfahrungen

Viele Kinder wurden durch den Umgang mit den Dispersionsfarben über das Thema hinaus zu freien Farb- und Formerfindungen angeregt: Abb. 34/1 zeigt Rundformen, die, zunächst als Fenster motiviert, aus der Motorik des Pinselstriches heraus auch in den dunklen Grund des Himmels gesetzt werden. Hierbei erscheinen bildlogische Gesichtspunkte wichtiger als gegenständlich-inhaltliche Überlegungen.

Auch in Abb. 34/2 überläßt sich ein Junge, nach anfänglich exakter Schichtung von Mauerwerk und Zinnen (mit farbigen Fugen), nach rechts zunehmend dem freien Spiel von großflächigen Formen und Farben. Im ersten Beispiel ist Purpur/Gelb, im zweiten Braun/Gelb als Kontrast zur vorherrschenden grün-blauen Farbigkeit gesetzt.

Methodisch-didaktische Alternativen

Die Aufgabe läßt sich, vor allem in den beiden ersten Schuljahren, unter dem Thema „Der Winterkönig steht unter dem Tor seines Schlosses" mit mehr illustrativen Details (z. B. Eiszapfenkrone, Eisblumenmantel) durchführen.

Weitere Themen
Der dicke Wassermann schaut aus seinem Teich; Fische am Eisloch

Abb. 34/2

35. Aufgabe

Bildnerische Probleme: Differenzierung von vorwiegend kalten Farben
Mittel: Qualitätskontrast, Farbflächen, Farbflecken
Verfahren: Wasserfarbenmalerei
Werkmittel: Papierformat DIN A4, Deckfarbenkasten, dicker Haarpinsel
Begriffe: Trüben – Brechen einer Farbe

Thema: Winterfarben

Zur Aufgabe
(4. Schuljahr, Jungen/Mädchen)
Unter dem emotionalen und teilweise recht subjektiven Aspekt der „Farben des Win-ters" sollen differenzierte Farbzusammen-hänge hergestellt werden. Der Schüler wird sie vor allem in der Wahl von Blau und Grün sowie durch Trüben und Brechen mit Schwarz und Weiß zu erreichen suchen. Die dabei entstehende „kalte" Farbigkeit soll erkannt und angesprochen werden. Lernziel ist die Entwicklung der Sensibilität für farbige Zusammenhänge und die Schulung der Urteilskraft für farbige Phänomene der Umwelt.

Bericht über die Stunde (2 Stunden)

Die einleitende Frage nach Farben des Winters wurde zunächst stereotyp mit Weiß beantwortet. Nach einem Blick aus dem

Abb. 35/1

Fenster stellten die Schüler braungrauen Boden und schwärzliche weißbereifte Bäume fest. Dann wurden Blau und Gelb genannt und, nach einem Blick auf die gerade aufgehende Wintersonne, Rot.

Dem Einwand des Lehrers, damit seien fast alle wichtigen Grundfarben aufgezählt, begegnete ein Junge mit der Bemerkung, die meisten Winterfarben seien irgendwie mit Weiß vermischt. Ein anderer ergänzte, man könne Winterfarben auch „mit viel Wasser malen, damit sie blaß werden". In der ersten Stunde waren die Schüler vorwiegend mit dem Mischen und Ausprobieren verschiedener Farbtöne beschäftigt, wobei

der thematische Aspekt zuweilen aus dem Blickfeld geriet.

Eine Woche darauf leitete die *Analyse* der Zwischenergebnisse die 2. Stunde ein. Als „typische" Winterfarben wurden neben weißgebrochenen Farbtönen solche angesprochen, die mit Schwarz getrübt waren. Ein Mädchen deutete kontrastierende Farbqualitäten mit dem Hinweis an, ein leuchtendes Blau und das helle Gelb der Wintersonne gehöre auch dazu, der Winter sei nicht nur grau und nebelig.

Mit dem Hinweis auf mögliche Begegnungen und Auseinandersetzungen zwischen verschiedenen Farben (z. B. Blau wird ein-

Abb. 35/2

gekreist – die trüben Farben sinken nach unten) wurden die Arbeiten fortgeführt.

Erfahrungen

„Winterfarben" wurden von der Klasse als existente Umweltphänomene erlebt und verstanden. So gab es auch keine Schwierigkeiten im Hinblick auf die Bildform. Das bildnerische Problem der Farbdifferenzierung war als das eigentliche Thema der Aufgabe begriffen und mit großem Ernst angegangen worden.

Als Ergebnis vielfältigen Mischens und Erprobens setzten die meisten Schüler unregelmäßige Farbfelder, die additiv gefügt und ausgebaut wurden (Abb. 35/1). Viele Kinder entwickelten eine überraschende Sicherheit des Fügens. So setzte ein Mädchen lasierend helle, glasfensterartige Flächen (Abb. 35/2). Die weißen Fugen hatte sie ausgespart, um ein Ineinanderfließen der Wasserfarben zu verhindern. Einige Kinder begnügten sich mit dem mehrmaligen Überdecken des Bildgrundes, ohne damit zu einem fertigen „Bild" als Abschluß zu kommen.

36. Aufgabe

Bildnerische Probleme: Qualitätskontrast mit Schwarz- und Weißbrechung, Farbbewegung, dynamisches Gleichgewicht
Mittel: Farbfleck
Verfahren: Bildanalyse, Kunstbetrachtung (Projektion eines Farbdias)

Ernst Wilhelm Nay, *„Vom ansteigenden Blau"*, 1956

Zur Aufgabe
(4. Schuljahr, Jungen/Mädchen)

Im Anschluß an die 35. Aufgabe sollten in dem Ölbild von Nay ähnliche Farbprobleme gesehen werden. Das ungegenständliche Bild bietet darüber hinaus die Möglichkeit, die Schüler eine aufsteigende, durchlaufende Farbgruppe als eigentlichen Inhalt erkennen und ansprechen zu lassen.

Bericht über die Stunde
(15 Minuten)

Die Klasse stellte sogleich einen Bezug zur vorausgegangenen Aufgabe her. Auf die einleitende Frage des Lehrers, warum er das Bild zeige, antworteten mehrere Kinder: „Weil wir auch Felder und Flächen gemalt haben." – „Da sind auch Winterfarben." – „Da ist auch mit Schwarz und Weiß gemischt."

Der Lehrer erklärte, daß der Maler auf dem Bild keine Winterfarben, sondern eine Geschichte mit Farben habe darstellen wollen. Seine Frage, was denn auf dem Bild passiere, beantwortete ein Mädchen: „Die Farben rumpeln durcheinander."

Auf den Hinweis, daß sich dabei eine ganz bestimmte Gruppe von Farben zusammengetan habe, wurden Blau und Schwarz genannt. Die Schüler beschrieben: „Die dunklen Farben sind unten, auf dem Grund." – „Sie graben sich vor." – „Von unten, vom Grund nach oben."

Der Lehrer ergänzte diese Beobachtungen abschließend, daß der Maler Ernst Wilhelm Nay eine Geschichte vom „ansteigenden Blau" habe erzählen wollen.

Erfahrungen

Die Kinder sprachen sich ohne Scheu über die Vorgänge auf dem „abstrakten" Bild aus. Bemerkenswert erscheint, daß sie nicht nur die durchlaufende Flächenbewegung, sondern auch die aus dem Bildgrund aufsteigende *räumliche* Entwicklung vom dunklen zum hellen Blau erkannten; bemerkenswert ist auch der sinnvolle Gebrauch des Begriffs „Grund", der vor längerer Zeit, in Verbindung mit einer Malerei auf Schwarzpapier, erstmals erwähnt worden war.

Methodisch-didaktische Alternativen

Kunstbetrachtung: Pieter Breughel d. Ä., *„Die Jäger im Schnee"*, 1565, Kunsthistorisches Museum, Wien (Farbdruck A. Schroll Verlag, Wien, und Kunstkreis Verlag, Freudenstadt/Luzern).
Bildnerische Probleme: Qualitätskontrast getrübter und gebrochener Farben; spitzige, dürre Formen gegen weiche Bildflächen.

Ernst Ludwig Kirchner, *„Davos im Schnee"*, Kunstmuseum Basel (Farbdruck Kunstkreis Verlag, Freudenstadt/Luzern).
Bildnerische Probleme: Qualitätskontrast durch Weißbeimischung; expressive Steigerung der Farbigkeit von Schnee, ausgehend von Weiß; spitze Bildzeichen im Kontrast zu weichen, schwingenden Formen.

Alexej v. Jawlensky, *„Strenger Winter"*, 1916, Kunstmuseum Basel.
Bildnerische Probleme: Kalte Farben, Qualitätskontrast

Betrachtung farbiger Wintersportplakate und Fremdenverkehrsprospekte.

37. Aufgabe

Bildnerische Probleme: Darstellung von Raum auf der Fläche mit den Mitteln der Farbe.
Mittel: Farbflächen in verschiedenen Tonstufen
Verfahren: Deckfarbenmalerei
Werkmittel: Papierformat DIN A3, Dispersionsfarben, Borstenpinsel
Begriffe: Fläche, Raum, Ferne, Nähe, Farbstufen

Thema: Landschaft mit Hügeln und Felsen

Zur Aufgabe
(4. Schuljahr, Jungen/Mädchen)

Am Ende der Grundschule kann eine gewisse Aufgeschlossenheit für das Problem räumlicher Darstellung mit den Mitteln der Farbe erwartet werden (vgl. Kunstbetrachtung, 36. Aufgabe). Voraussetzung für die Aufgabe ist die Fähigkeit zu genereller farbiger Differenzierung. Bei dem Versuch, so etwas wie eine Farbperspektive herzustellen, bilden die kognitiven Intentionen das Schwergewicht. Der thematische Aspekt tritt demgegenüber zurück.
Im vorliegenden Fall hatten die Schüler in vorausgehenden Aufgaben bereits die Erfahrung gemacht, daß eine Farbe in ihrer Wirkung von den angrenzenden Nachbarfarben abhängt. Der Begriff *Farbton* war bekannt.

Bericht über die Stunde
(1 Doppelstunde)

Für die Einführung in die Problematik der Aufgabe wurde eine halbe Stunde verwendet. Zunächst heftete der Lehrer verschiedene Zeitschriftenausschnitte mit monochromen Farbflächen nebeneinander an die Tafel. Dabei stellten die Schüler fest, daß Farbflächen mit einem starken Anteil von Rot nach vorn, blaue Farbflächen hingegen nach hinten rückten.

Im Anschluß an diese Beobachtungen wurde der Farbdruck einer Landschaft von Albrecht Altdorfer gezeigt, wobei sich die Einsicht verstärkte, daß man mit Farben auf einer Fläche eine Tiefenwirkung erzeugen könne. Der kulissenartige Aufbau der Altdorfer-Landschaft erleichterte die sprachliche Differenzierung der Begriffe *vorn* und *hinten* in eine bildräumliche *Nähe* und Ferne mit verschiedenen, deutlich unterscheidbaren *Stufen*.

Der Aufforderung des Lehrers, sich auf ein Thema zu besinnen, in dem in mehreren Farbstufen ein Bildraum hergestellt werden könne, kamen die Schüler mit Vorschlägen, ein Landschaftsbild zu malen, nach: Angeregt durch den gebirgigen Hintergrund des Altdorfer-Bildes, sollten Hügel, Felsen und „außer Farben sonst nichts drauf sein". Bei der Entscheidung für bestimmte Grundfarben aus den 1-kg-Plastiktuben wurden Rot, Blau und Weiß gegenüber Gelb, Schwarz und Grün bevorzugt.

Erfahrungen

Die Schüler entwickelten verhältnismäßig zügig den Bildraum in großen Flächen von unten nach oben. Ein Teil der Klasse begann zunächst, wie in Abb. 37/1, mit der Reihung einfacher, dreieckiger Zeichen für Berg, die, kulissenartig nach hinten gestaffelt, in ihrer Form allmählich stärker variiert

Abb. 37/1

wurden. Abb. 37/2 zeigt zusammenhängende, sich hintereinander aufbauende Hügelketten.

Auffällig war der starke Einfluß der einführenden Farbanalyse. Er zeigte sich in der vorherrschenden Rot-Blau-Skala der Schülerarbeiten, obwohl unter dem Eindruck des Altdorfer-Bildes und dem thematischen Aspekt einer Landschaft auch die Verwendung von Grün denkbar gewesen wäre.

Möglichkeiten der Bildbetrachtung

Caspar David Friedrich, „*Der Watzmann*", 1825, „*Hochgebirge*", um 1828, Berlin, Staatliche Museen; „*Riesengebirgslandschaft*", 1820, München, Neue Pinakothek

Experimentieren

Im folgenden sollen Möglichkeiten experimentierenden Verhaltens in der Grundschule aufgezeigt werden. Ansätze hierzu sind im spielerischen Umgang der Kinder mit bildnerischen Materialien gegeben.

Schon in der Vorschulzeit lassen sich entsprechende Verhaltensweisen feststellen, die über ungerichtetes, zweckfreies Spiel hinausgehen: so z. B. im Bemühen eines Fünfjährigen, der „aus Schwarz Gold machen" will und mit Eifer darangeht, einen schwarzen Farbfleck durch vielfältiges, kräftiges Übereinanderreiben von gelben, weißen und orangefarbigen Wachsfarben in Gold zu verwandeln. Kindlich-naive Neugier und forschendes Vorgehen, das be-

Abb. 37/2

wußt Wirkungen anstrebt und erwartet, spielen dabei gleichermaßen eine Rolle.

Im Kunstunterricht der Grundschule bringt vor allem die Begegnung mit neuen, unbekannten Materialien den Anstoß zum Experimentieren. Anfangs äußert sich dieses Verhalten oft nur während einer begrenzten Phase des bildnerischen Prozesses, wenn z. B. ein Mädchen im 1. Schuljahr, im Rahmen einer Malaufgabe, für eine Weile ausschließlich damit beschäftigt ist, Deckfarben in immer neuen Mischungen über- und ineinanderzustreichen; wenn sie – alles andere darüber vergessend – den Reiz der neuartigen, ungewohnten Farbmaterie auskostet.

Manche Kinder probieren auch im Zusammenhang mit bestimmten Farbproblemen bewußt und zielstrebig neue Farbmischungen aus und teilen dann stolz ihren Kameraden die Ergebnisse ihrer Versuche mit (vgl. 30. Aufgabe).

Die kindliche Bereitschaft zum Experimentieren sollte im Anfangsunterricht nicht übermäßig beansprucht werden. Experimentierendes Verhalten erscheint in der Grundschule sinnvoll im Zusammenhang mit der Lösung bestimmter bildnerischer Probleme. Bildnerische und auch thematische Aspekte vermögen das zunächst offene, ungerichtete Agieren der Schüler sinnvoll zu beschränken und sie zum Handeln in bestimmten Richtungen zu veranlassen.

Hierbei kommen Aufgaben, in denen Gegebenes oder Vorgefundenes verändert, verwandelt oder neu zusammengestellt wird, den Verhaltensweisen der Grundschulkinder besonders entgegen. In der 5., 17., 26. oder 43. Aufgabe werden entsprechende Probleme aufgegriffen. Sie zielen insgesamt auf die Entfaltung der kindlichen Sensitivität, Beweglichkeit, Fähigkeit zur Umgestaltung und Synthese ab. Die 38. Aufgabe zeigt das Beispiel einer ganz auf experimentierendes Vorgehen ausgerichteten Unterrichtseinheit gegen Ende der Grundschule.

38. Aufgabe

Bildnerische Probleme: Weiterbeurteilung und Ausdeutung vorgefundener Gegenstände und Formen, Zuordnung von Farben und Formen in einen Gestaltzusammenhang
Mittel: Farbfleck, Farbfläche, Struktur
Verfahren: Collage
Werkmittel: Papierformat DIN A4, Ausschnitte aus farbigen Illustrierten und Werbeprospekten, Klebstoff, Schere
Begriffe: Oberfläche, Form, Bildfigur

Thema: Farb- und Materialsammlung

Zur Aufgabe
(4. Schuljahr, Jungen/Mädchen)

Die Collage schließt an die etwa ein Vierteljahr zuvor behandelte 43. Aufgabe „Kristalle des Rauhreifs" an und zielt auf die Entwicklung eines gestalthaften Form-Farbzusammenhangs ab. Während dort aus einfachen, gleichartigen Teilen eine individuelle Flächenform hergestellt werden sollte, geht es hier um das Zusammenfügen verschiedenartiger, aus ihrem ursprünglichen Zusammenhang gelöster Bestandteile.

Ein wesentlicher Ansatz für diese Aufgabe liegt in der in dieser Altersstufe zu beob-

Abb. 38/1

achtenden Sammelleidenschaft (Werbebilder, Briefmarken, Murmeln, Muscheln u. a.). Im Sammeln und Ordnen nach selbst gefundenen materialen und thematischen Gesichtspunkten soll eine Vorauswahl getroffen werden, welche die Eingliederung in einen *neuen* Gestaltzusammenhang erleichtert.

Mit der Frage, was man aus den gesammelten Materialien und Dingen machen kann, wird experimentierendes Verhalten und bildnerisches Denken angesprochen.

Bericht über die Stunde (2 Stunden)

Die Einführung ging von den ,,Kristallen des Rauhreifs'' aus, von der Erfahrung, daß

dort, scheinbar aus *nichts,* Form entstehen konnte. Die Feststellung, daß die Kristalle eigentlich aus Wasser bestünden, führte zur Frage, aus welchem anderen Material Formen hergestellt werden könnten. Beim Blättern in den mitgebrachten Zeitschriften wiesen die Schüler u. a. auf Farben, Holzstrukturen, Steine, Sand, Luft (Wolken) hin. Die Einführung schloß mit dem Auftrag, geeignetes Material für eine ,,Bildfigur'' zu sammeln.

Beim Auswählen spielte der Gesichtspunkt des Zusammenpassens bald eine große Rolle. Die Schüler spezialisierten sich allmählich auf verwandte Farb- und Materialstrukturen, z. B. auf Eis, Glas, helles, spiegelndes Metall, schimmernde Seidenstoffe

103

oder auch auf rauhe, dunkelfarbige Substanzen wie Rinde, Möbelfurniere, Pelzwerk, Schlacke.

Erfahrungen

Eine anfängliche Unsicherheit wich, sobald sich die Kinder für bestimmte Kriterien der Auswahl entschieden hatten. Unter dem Gesichtspunkt, alles zu verwenden, „was so aussieht und Farben hat wie Sand", wurden z. B. von einem Jungen auch Ausschnitte eines Bierglases, Kaffeepulver und Schokolade in die Collage eingefügt (Abb. 38/1).

In dieser, wie auch in anderen Arbeiten, spielte der Gedanke einer „Landschaft" eine Rolle, möglicherweise angeregt durch die Erfahrungen aus der 37. Aufgabe oder, im abgebildeten Beispiel, einer „heißen" Zone (vgl. 27. Aufgabe).

Während des Arrangierens und Klebens der Bildfigur wurde gleichzeitig und ohne besonderen Hinweis des Lehrers auch der umgebende Bildgrund mit in die Gestaltung einbezogen.

Wechselbeziehung von bild- und sachlogischen Aspekten

Die letzte, abschließende Reihe enthält Aufgaben, deren Thematik neben bildnerischen Problemen auch Überlegungen des Sachunterrichts einschließt. Ganz allgemein geht es hierbei um Fragen einer Beziehung von Kunst- und Sachunterricht. Nach den Prinzipien des heimatkundlich orientierten Gesamtunterrichts waren solche Beziehungen vorwiegend von sachunterrichtlichen Gesichtspunkten bestimmt. Im Kunstunterricht haben bildnerische Mittel und Verfahren eindeutig Vorrang. Gegenüber Standpunkten und sachlogischen Erwägungen anderer Fachbereiche besteht ein Primat bildnerischer Sichtweisen. Die „besondere, strukturell eigentümliche Weise" (Klafki) bildnerischen Denkens führt aber oft zu einer Konkurrenz, teilweise auch Divergenz, sach- und bildlogischer Aspekte. In der Wechselbeziehung bild- und sachlogischer Sichtweisen liegt ein fruchtbarer Ansatz für den Kunstunterricht der Grundschule. Die Schüler sollen frühzeitig lernen, daß man eine Sache von verschiedenen Standpunkten aus betrachten kann.

Im Thema „Wachstum" ist in den folgenden Aufgaben ganz allgemein eine Erscheinung umschrieben, mit der die Grundschüler zunächst vielfältige, gegenständlich-inhaltliche Vorstellungen aus dem Bereich ihrer Umwelt verbinden. („Wachstum" steht hier stellvertretend für viele andere Themen, in denen neben Problemen des Kunstunterrichts zugleich auch Sachfragen anderer Fächer berührt werden.) Entsprechende Vorstellungen und Wahrnehmungen sollen in Zeichen und Bilder umgesetzt – sichtbar gemacht – werden. Dabei wird die Wirklichkeit in bildnerischen Strukturen gespiegelt. Sie helfen dem Schüler, Erscheinungen seiner Umwelt besser zu verstehen. Bildnerisches Strukturieren ist *eine* spezifische Möglichkeit unter anderen.

Im Finden und Erkennen solcher Strukturen liegt zugleich ein Anstoß zum Vergleich mit ähnlichen Strukturen aus anderen Fach- und Sachbereichen. Dadurch wird Transfer möglich: So ist z. B. in der 40. Aufgabe die „Blumenwiese" unter dem bildnerischen Gesichtspunkt der Integration verschiedener Einzelformen in ein Beziehungsgefüge gesehen. In den naiven Reflexionen der Achtjährigen wird dort, über diesen Gestaltzusammenhang hinaus, zugleich auch der biologische Gedanke einer natürlichen, biotopen Lebensgemeinschaft der Wiese angedeutet – ein Gesichtspunkt, der im Naturkundeunterricht meist erst sehr viel später aufgegriffen wird.

In der Entwicklung bildnerischer Sichtweisen, einer Erziehung zum bildnerischen Denken besteht ein wesentlicher Beitrag des Kunstunterrichts zu einem künftigen Curriculum für die Grundschule. Denken und Handeln in bildnerischen Kategorien trägt im Zusammenwirken mit anderen Kategorien zu einem vielseitigen Erfassen der Wirklichkeit bei.

Abb. 39/1

39. Aufgabe

Bildnerische Probleme: Ausformung und Differenzierung von Zeichen, Richtungsunterscheidung, Ordnung durch Reihung
Mittel: Linie, Fleck
Verfahren: Linienzeichnung, teilweise flächig angelegt
Werkmittel: Zeichenblatt DIN A4, Filzstift
Begriffe: zeichnen, nach oben

Thema: Wie die Pflanzen wachsen

Zur Aufgabe
(Sechsjährige einer Kindergartengruppe)

Dieser und einer ganzen Reihe weiterer Aufgaben liegt als Lernziel die Differenzierung linearer Zeichen und deren Ordnung in größeren Formzusammenhängen zugrunde.
Als frühes Beispiel zeigt die Buntstiftzeichnung eines dreieinhalbjährigen Jungen (Abb. 39/1) in stärkster Richtungsunterscheidung senkrecht-waagrechte Formgebilde. Das „Leiterschema" deutet auf erste kindliche Zeichen für Baum oder Pflanze hin. Die Reihung vieler gleichartiger Bildzeichen geht in die Bedeutungsrichtung von Wald und Wiese. Darüber hinaus ist eine gewisse Akzentuierung weniger, individueller Fleckformen (Blüten?) zu beobachten.
Die Motivation: „Wie die Pflanzen wachsen" versucht den Vorgang pflanzlichen Wachstums mit dem Ablauf der graphischen Niederschrift in Beziehung zu setzen.

Bericht über die Stunde
(30 Minuten)

Die Einführung ging von der Frage aus, wie eine Pflanze aus dem Boden kommt und

105

weiterwächst. Die Kinder dachten dabei an
„ein Stengelchen — das wächst immer
mehr", bis zuletzt „viele Gräser" da sind.
Auf den Hinweis, aus einem „Stengelchen"
werde schließlich ein großer Stengel mit
vielen Blättchen, wurden die einzelnen
Pflanzen als kräftige Flächenformen ausgebildet.
Nachdem die Kinder ihre Zeichnungen fertiggestellt hatten, wurde ihnen eine sich
stark verzweigende Pflanze gezeigt. Dabei
entdeckten sie: „Da kommen ja aus einem
mehrere heraus!" „Viele Fäden,... man
kommt gar nicht richtig draus!" Nach genauerer Beobachtung: „Da kommen aus
einem Faden viele kleine Blättchen heraus." – „Da kommen immer wieder andere
Fäden heraus."
Dies regte ein Mädchen zu einer zweiten
Zeichnung an, in der sich eine Pflanze spiralig auf der Fläche ausbreitet (Abb. 39/4).

Abb. 39/2

Erfahrungen

Der Vorgang des Wachsens wurde zunächst in der wenig geordneten Addition
vieler Einzelzeichen gesehen. In der konzentrierten Auseinandersetzung mit einer
Einzelform unter dem emotionalen Aspekt
kräftigen *Treibens* und *Hochschießens*
entstanden aus dem ursprünglichen Blu-
men-Pflanzenschema (Abb. 39/2) durch
reihende Wiederholung reichere, individuelle Formgebilde. Die Dynamik des Wachsens ist in den leicht gekrümmten Vertika-
len ausgedrückt (Abb. 39/3).
Im Beispiel Abb. 39/4 führte die durch Erfahrungen aus der ersten Zeichnung und
durch die Betrachtung einer Pflanze ge-
schärfte Wahrnehmung zu einer weiteren
Möglichkeit, Wachstum sichtbar zu machen. Gegenüber dem mehr vertikal ge-
richteten *Sprießen* wird hier das flächige

Abb. 39/3

Abb. 39/4

Ausbreiten, das *Wuchern* am Boden gesehen. Diese Begriffe haben auch in den folgenden Aufgaben Bedeutung (vgl. Schlingpflanzen Abb. 41/1, Eisgewächse Abb. 42/2 und 43/4).

Die Beispiele zeigen, daß Kinder durch die bildnerische Auseinandersetzung mit bestimmten Ordnungsprinzipien von einer mehr oder weniger verschwommenen Vorstellung des Wachsens zu einer differenzierten, geordneten Wahrnehmung kommen können, die ihrerseits weiteres Differenzieren ermöglicht. Unter dem thematischen Aspekt „Wachsen" wird das Reihen zu sinnvollem Strukturieren.

(Die betont sachliche Fragestellung der Aufgabe hat die kindliche Freude an der Gestaltung in keiner Weise beeinträchtigt.)

Methodisch-didaktische Alternativen

Der Vorgang pflanzlichen Wucherns läßt sich in der graphischen Aufgabe einer „Dornröschenhecke" motivieren, welche das Märchenschloß überzieht. „Kletterpflanze", „Rankenwerk" und „Rosenhag" liefern Stichworte für ähnliche Bildprobleme (vgl. „Madonna im Rosenhag" von Stefan Lochner und Martin Schongauer). Wachsen und Vermehren ist als bildnerischer Vorgang auch in der 22. Aufgabe angesprochen.

40. Aufgabe

Bildnerische Probleme: Zuordnung von Bildzeichen in ein Beziehungsgefüge, Gegensatz dividueller und individueller Formen, Reihung
Mittel: Linie, Fleck
Verfahren: Linienzeichnung
Werkmittel: Papierformat 31 × 15 cm, Füllfeder, Kugelschreiber
Begriffe: nebeneinander, oben, in der Mitte, unten

Thema: Blumenwiese

Zur Aufgabe
(2. Schuljahr, Jungen/Mädchen)

In der graphischen Bearbeitung des Themas geht es weder um ein Stimmungsbild der Wiese mit bunten Blumen und leuchtend farbigen, gaukelnden Faltern noch um die Aufzählung verschiedener Pflanzenarten aus dem Naturkundeunterricht.

Das streifenförmige Querformat soll zur Reihung dividueller (Gräser) und individueller Formen (Blüten) anregen. Der methodische Weg führt vom zunächst ungerichteten, ganzheitlichen Erleben der Wiese zu deren bildhafter, graphischer Ordnung.

Bericht über die Stunde (1 Stunde)

Der Impuls, die Wiese „nicht nur so von oben her" zu sehen, sondern bäuchlings, mit dem Gesicht dicht am Boden *in* die Wiese *hinein*zusehen, stellte deren Realität unter einem ganz bestimmten Blickwinkel heraus. Die Schüler waren offensichtlich bereit, vom gewohnten Schema abzuweichen und sich auf eine neue, gegenüber bisherigen Vorstellungen möglicherweise veränderte Sichtweise einzustellen. Die Frage, wie es da *in* der Wiese aussehe, brachte Antworten wie: „Da stehen *viele* Gräser ganz dicht *beieinander*." – „Da krabbeln kleine Käfer und Ameisen."

Abb. 40/1

Abb. 40/2

Dies führte zu der weiteren Frage, wie denn wohl so ein Käfer die Wiese sehe? Als zweiter, verstärkter Impuls vermochte diese Frage vor allem die Vorstellung der phantasiebegabten Kinder anzuregen: „Die Wiese ist für die Käfer wie ein Wald." – „Die Gräser sind wie Bäume, da können die Käfer daran hochklettern."

Der Lehrer griff die „Kletterbäume für Käfer" als Schlüsselwort auf. Es wurde als verbale Hilfe, als Mittel der Verständigung über das spezielle Unterrichtsziel einer ver-

Abb. 40/3

tikal-horizontalen Durchgliederung des Bildformats während der Stunde verschiedentlich wiederholt. Dies war für die meisten Schüler bestimmend, Gräser und Blumen bis zum oberen Bildrand emporwachsen zu lassen und auf den dort üblichen Schemahimmel zu verzichten.

In der *Analyse* der Arbeitsergebnisse äußerten sich einzelne Schüler zum Problem der Reihung und dem Gegensatz dividuell-individueller Formen: „Die Gräser sind dünn und lang, da haben *viele nebeneinander* Platz." – „Die Blumen brauchen mehr Platz, weil sie breit sind." – „Die großen Blumen *stechen heraus,* weil die Gräser so *einfach* sind." Zusammenfassend wurde bemerkt: „Auf der Wiese gibt es viele Dinge. Alle haben nebeneinander Platz!"

Erfahrungen

Nachdem sich die Schüler zunächst am thematischen Aspekt orientiert hatten,

wandten sie sich im Verlauf der Stunde den mit den Gegenständen und Inhalten verbundenen bildnerischen Problemen zu.

Eine Verbindung von sach- und bildlogischem Denken wird aus den Abb. 40/1–40/4 und den sich darauf beziehenden Äußerungen ersichtlich: „Die größten Blumen blühen da, wo die Sonne scheint,… oben, wo die Bienen und Schmetterlinge hinfliegen können." – „Am Boden unten wachsen ganz kleine Pflanzen,… Klee,… da krabbeln Ameisen und Schnecken."

Möglichkeiten der Bildbetrachtung

Albrecht Dürer: *„Das große Rasenstück",* 15. Jahrhundert; französischer *Mille-fleur-Teppich* des 15. Jahrhunderts; Paul Klee: *„Zeichnung zu Pflanzen, Erd- und Luftreich"* 1920/205

Abb. 40/4

41. Aufgabe

Bildnerische Probleme: Differenzierung und Zuordnung von Zeichen, Reihung, Gegensatz dividueller und individueller Formen
Mittel: Linie
Verfahren: Linienzeichnung
Werkmittel: Format 24 × 14,5 cm, wahlweise Filzstift, Füllfeder, Kugelschreiber
Begriffe: Reihe, Einzelform, gerade und bewegte Linie, Linienbewegung

Thema: Unkräuter im Getreidefeld

Zur Aufgabe
(4. Schuljahr, Jungen/Mädchen)

Der Gedanke, daß individuelle Einzelgebilde in einem Gefüge gleichartiger, einfacher Formen auffallen, wird hier verstärkt aufgenommen.

Die unterrichtliche Planung berücksichtigt eine vorausgegangene naturkundliche Erörterung über den Schaden, den Ackerunkräuter verursachen können. (Vor allem die Beobachtung eines Gerstenhalmes, der in der Umschlingung einer Ackerwinde nur die halbe Höhe der übrigen Halme erreichte, hatte die Schüler stark beeindruckt.) Gegenüber der dort dominierenden biologisch-ökonomischen Betrachtungsweise werden nunmehr bildnerische Gesichtspunkte maßgeblich. Sie zielen auf die Zerstörung, Auflösung, das „Durchschießen" eines geschlossenen Bildgefüges ab.

Bericht über die Stunde (1 Stunde)

Die Überlegung, daß im Sommer vieles die schnurgerade Ordnung der Getreidehalme

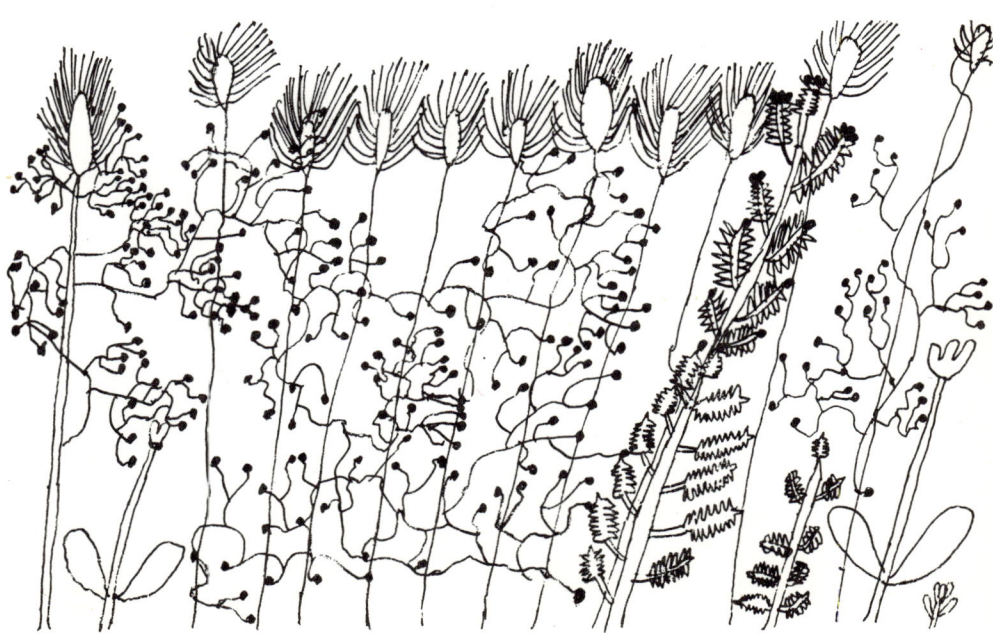

Abb. 41/1

111

Abb. 41/2

Abb. 41/3

112

beeinträchtigen könne, führte schnell zum eigentlichen, von den Schülern so formulierten Problem: „Die Unkräuter nehmen dem Getreide den Platz weg." – „Sie wikkeln sich um einen Halm und lassen ihn nicht wachsen!" Diese Überlegungen machten weitere Impulse oder Anregungen überflüssig. Die Kinder zeichneten die ganze Stunde über sichtlich angeregt und konzentriert.

Der Aufgabe schloß sich die halbstündige *Analyse* der Arbeitsergebnisse an, ergänzt durch die *Betrachtung* einer Zeichnung von Paul Klee: *„Blumen im Kornfeld"*, 1920.

Hierbei stellten die Schüler zunächst fest: „Das ist nur so phantasiert!" – „Da ist alles durcheinander!"

Nach der Anregung, das Durcheinander einmal genauer zu betrachten, wurde bemerkt: „Die Ähren stehen nebeneinander, . . . sie stehen in einer Reihe." – „Oben, bei den komischen Sachen ist ein Durcheinander." – „Die komischen Sachen sollen vielleicht Unkräuter darstellen?" – „Die Unkräuter sind auch so verstreut im Feld, . . . sie wachsen überall dazwischen." – „Sie drücken das Getreide zur Seite." – „Sie benehmen sich wie Frechdachse!"

Das abschließende Gespräch deutete soziologische Ordnungen und Beurteilungen an: „Die Getreidehalme sind vielleicht wie die normalen Menschen, und die komischen Sachen auf dem Bild sind wie Herumstreicher." – „Die sind frech, die mopsen ein bißchen!" – „Aber die wollen *auch* leben!" – „Sie sind lustig,... lustiger als die Getreidehalme!" – „Die Getreidehalme sind *alle gleich,* aber die Unkräuter sind *verschieden."*

Erfahrungen

Nicht so sehr das Getreide – es erschien von der Naturkundestunde her beeinflußt in Zeichen für Weizenähren, Gerste, Hafer (Abb. 41/3) –, sondern die Unkräuter erwiesen sich als das stimulierende Motiv, bei dem die botanische Spezies keine Rolle mehr spielte. Als ausgesprochenes Reizwort führte das „Unkraut" in der vorwiegend emotional bestimmten Ausdeutung von Schling- oder Stachelpflanzen (vgl. 8. und 39. Aufgabe) zu originellen graphischen Lösungen (z. B. Abb. 41/1).

42. Aufgabe

Bildnerische Probleme: Gruppierung von Formelementen durch Verdichtung und Auflösung, Formbewegung durch Ausbreitung verschiedener Ballungszentren.
Mittel: Punkt, Linie, kurze Formstriche
Verfahren: Federzeichnung, Weiß auf Schwarz
Werkmittel: Schwarzer Karton DIN A3, Deckweiß, Deckfarben, Pinsel und Zeichenfeder
Begriffe: ausbreiten, verdichten, Kern

Thema: Eisgewächse

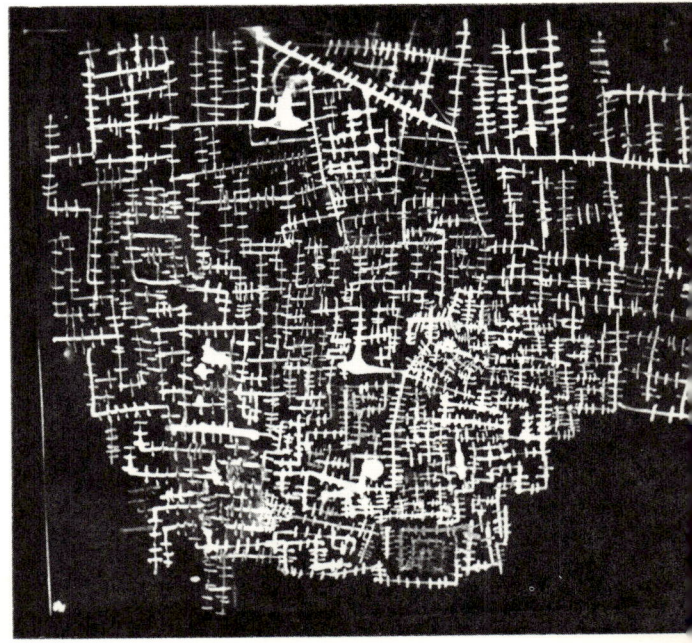

Abb. 42/1

Zur Aufgabe
(4. Schuljahr, Jungen/Mädchen)

In der Motivierung von „Eisgewächsen" ist eine fortschreitende Abstraktion in Richtung syntaktischer Fügeweisen angestrebt. Dies schließt gegenständlich-inhaltliche Bezüge nicht aus. Das Thema begünstigt emotional bestimmte Vorstellungen von Erstarrendem, Flirrendem, Fiederigem. Die Ausdrucksmittel der Federzeichnung kommen der Entstehungsweise pflanzenähnlicher Gebilde entgegen: der auf der Fensterscheibe sich von einem Augenblick auf den anderen vollziehenden Umwandlung von Feuchtigkeit in klirrend harte Formen; deren schneller Ausbreitung auf der Fläche.

Die mit dem Pinsel in die Feder gefüllte Deckfarbe bringt auf dem rauhen, schwarzen Karton einen zusätzlichen materialen Reiz.

Bericht über die Stunde
(1 Doppelstunde)

Die Einführung ging zunächst von den „Eisblumen" aus, mit denen der Volksmund den physikalischen Vorgang der Kristallisation biologisch, mit Wachstumsformen von Pflanzen zu erklären versucht. Anschließend ergab sich die Frage, wie

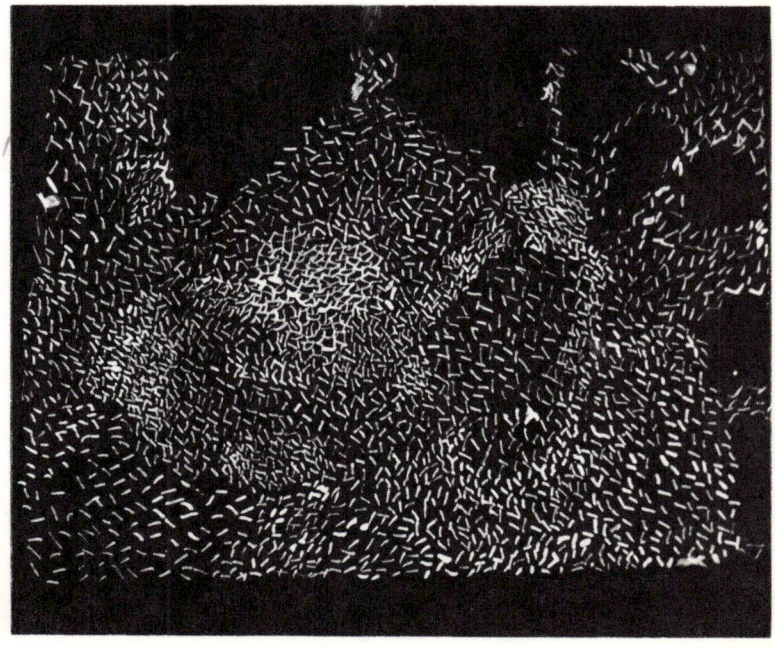

Abb. 42/2

man mit Linien das Wachsen dieser Gebilde zeigen könne. Der Weg der Doppelstunde führte vom emotionalen Angemutetsein über das Machen, das Sichtbarmachen in Bildzeichen, zu entsprechenden Einsichten in die Formbewegung der entstehenden „Gewächse".

Erfahrungen

Neben naiven Verästelungen in einfachster, senkrecht-waagrechter Richtungsunterscheidung (Abb. 42/1) entstanden in progressiver Richtungsveränderung rhythmische Strukturen mit Ballung und Auflösung, Wirbel und Verdichtung (Abb. 42/2 und 42/3).

Möglichkeiten der Bildbetrachtung

Jackson Pollock: „Nr. 32/1950"
Hokusai: „Der Fuji von Kanagawa aus", genannt „Die Welle", Farbholzschnitt 1834;
Alfred Manessier: „Dornenkrone".
Weiterhin Satellitenaufnahmen der Erde mit Wolkenstrukturen und astronomische Aufnahmen kosmischer Spiralnebel.

43. Aufgabe

Bildnerische Probleme: Verdichtung länglich-flächiger Teilformen zu einem kompakten Formenkomplex, Binnenstrukturierung
Mittel: Flächenformen, Weißsilhouette auf schwarzem Grund
Verfahren: Papierschnitt
Werkmittel: Schwarzer Karton DIN A3, weißes Papier DIN A4, Papierschneidefeder, Federhalter, Klebstoff, Pappunterlage
Begriffe: Umriß, Binnenform, Wechsel von Schwarz und Weiß, Bildfigur

Thema: Kristalle des Rauhreifs

Zur Aufgabe

(4. Schuljahr, Jungen)

Das Thema soll zur Entwicklung einer kompakten, individuellen Flächengestalt aus einfachen Formteilen anregen. Neben der

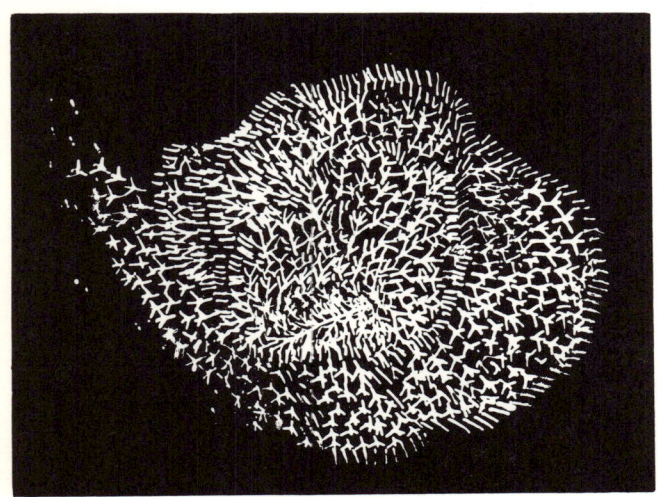

Abb. 42/3

Abb. 43/1

Abb. 43/2

bewegten Außenform (vgl. 28. Aufgabe) spielt auch die grob durchbrochene Binnenstruktur eine Rolle.

Mit dieser Problemstellung und in einer großformatig-gitterigen Ausführung kann zugleich die Einführung in die Technik des

Papierschnitts geleistet werden. Das Ziel ist eine großzügige, schnittige Schwarz-Weiß-Gliederung. Die Schüler sollen dabei erfahren, daß aus einfachen Grundformen ein reicher Bildungsorganismus erwachsen kann.

Abb. 43/3

Abb. 43/4

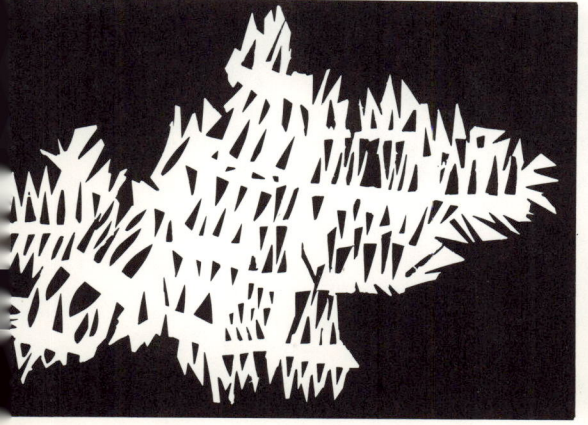

Bericht über die Stunde
(2 Doppelstunden)

Die Schüler gingen bei der Ausführung ihres Papierschnitts von einem festen Formkern aus, angeregt durch den Hinweis auf bizarre, „zackige" Eiskristalle, die *von einer Stelle aus* zu wachsen beginnen. Durch das Ansetzen immer neuer, meist keilförmiger Dreiecke, wuchsen die Gebilde allmählich allseitig nach außen, bis sich eine jeweils individuelle Außenform heraus*kristallisierte*.

Die Binnenformen wurden direkt, ohne Bleistiftvorzeichnung, aus dem Papier herausgeschnitten. Kurze Zwischenbesprechungen und Hinweise während verschiedener Entwicklungsstadien führten zu zunehmender Objektivierung des bildnerischen Prozesses.

Erfahrungen

Neben einfacheren Lösungen in senkrecht-waagrechter Binnenstrukturierung (Abb. 43/1, vgl. Abb. 42/1) entstanden ausgesprochen schwungvolle Gebilde (Abb. 43/3 und 43/4).

Weitere Themen

Igel oder Stachelfisch als Schwarzpapierschnitt (vgl. 3. Aufgabe); die große Meerschnecke; Drachenkopf am Wikingerschiff

44. Aufgabe

Bildnerische Probleme: Durchdringung und Transparenz von Flächen, Ballung
Mittel: Fläche, Fleck, Struktur
Verfahren: Monochromes Malen
Werkmittel: Schwarzer Karton DIN A4, weiße Dispersionsfarbe, breiter Borstenpinsel
Begriffe: durchscheinend, durchsichtig, gedeckter Farbton

Thema: Kandisberg

Zur Aufgabe
(4. Schuljahr, Mädchen)

Gegenüber den in der 43. Aufgabe von einer Jungengruppe graphisch-flächig gelösten „Kristallen des Rauhreifs" wird hier ein ähnliches Thema malerisch-räumlich aufgefaßt. In der recht märchenhaften Motivierung „Kandisberg" (es könnte auch der aus den Grimmschen Märchen „Der Trommler" oder „Die sieben Raben" bekannte „Glasberg" sein) wird das Problem eines durchsichtig erscheinenden Bildraums angeschnitten – ein Problem, das gegen Ende der Grundschule in ersten Ansätzen auftaucht (vgl. 11. und 36. Aufgabe). Durch Stupfen und leichtes Abstreichen des halbtrockenen Borstenpinsels und sehr verdünnte Farbe läßt sich eine durchscheinende, glasartige Raumstruktur herstellen. Am Ende der Stunde soll als Lernziel die Erfahrung stehen, daß kräftige, gedeckte Weißtöne optisch nach vorne und leichte, durchsichtige Grautöne nach hinten treten.

Bericht über die Stunde (2 Stunden)

Der Lehrer brachte einen ungefügen Kandisbrocken in die Klasse und ließ ihn aus nächster Nähe betrachten. Dabei wurde festgestellt, der Brocken sei einem großen, massigen Berg ähnlich, aus lauter kleinen Hügeln aufgebaut, durch die man in sein Inneres schauen könne. Zu einem richtigen Berg und Hügeln fehlten eigentlich nur die dreieckigen Spitzen.

Bei der Drehung des Brockens konnten die Mädchen beobachten, wie das Licht mehr oder weniger stark in die Kandismasse eindrang und dadurch die einzelnen Formen erst sichtbar machte, daß sich dabei durchsichtige, halb durchsichtige und gedeckte, undurchsichtige Teilstücke unterscheiden ließen. Überlegungen über die maltechnischen Möglichkeiten der Realisierung gaben den Anstoß zu Versuchen und ersten Entdeckungen, die nach mehreren Zwischenbesprechungen zu den abgebildeten Ergebnissen führten.

Erfahrungen

Die Arbeiten (Abb. 44/1 und 44/2) brachten insgesamt wenig unterschiedliche individuelle Bildlösungen. Der eigentliche Gewinn der Aufgabe lag in der abschließenden *Analyse* der Arbeitsergebnisse. Sie brachte die bis dahin unreflektierte Erfahrung einer räumlichen Wirkung verschieden durchsichtiger Bildformen.

Abb. 44/1

Abb. 44/2

45. Aufgabe

Bildnerische Probleme: Linienstruktur, Linienrhythmus durch Reihung, progressive Richtungsdifferenzierung durch schräggestellte Strichlagen und Wechsel der Strichstärke
Mittel: Linie, kurze Formstriche
Verfahren: Federzeichnung
Werkmittel: Papierformat DIN A4, Zeichenfeder, Tusche
Begriffe: gestrichelt, gleichlaufend (parallel), dicht, locker, verschiedene Strichstärke, Oberfläche

Thema: Der Rasen wird gemäht

Abb. 45/1

Zur Aufgabe
(4. Schuljahr, Sonderschule Jungen/ Mädchen)

Das Thema gibt den Anstoß zur Umsetzung einer Naturform in graphische Strukturen. Dabei sollen die Schüler erfahren, daß aus der Veränderung vieler, annähernd gleichlaufender Linien unterschiedliche, heller und dunkler wirkende Oberflächenstrukturen entstehen können. Begriffe wie Schwaden, Bahn, Schnittfläche weisen auf entsprechende Veränderungen hin.

Bericht über die Stunde
(1 Stunde)

Die etwas nüchterne, spröde Motivierung der Aufgabe führte zu einer entsprechend sachlichen Auseinandersetzung mit den

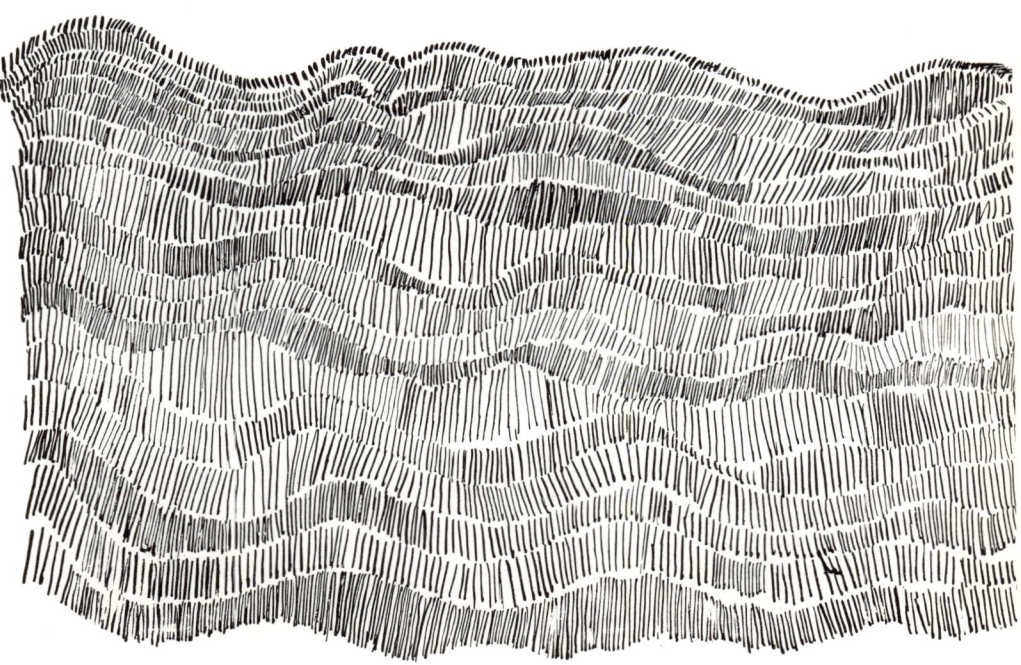

121

bildnerischen Problemen, wobei sich die Schüler ausdauernd mit den graphischen Möglichkeiten und Wirkungen der Linienzeichnung befaßten.

Erfahrungen

Das zur Bewältigung der Aufgabe erforderliche disziplinierte graphische Vorgehen kam der Verhaltensweise dieser Klasse wie ihrer Altersstufe entgegen. Eine Tendenz zum Muster war festzustellen (Abb. 45/1 und 45/2).

Möglichkeiten der Bildbetrachtung

Die Arbeitsergebnisse bieten einen fruchtbaren Ansatz für die Betrachtung graphischer Blätter, in denen durch wechselnde Strichlagen flächige und körperhaft-räumliche Wirkungen entstehen: Kupferstiche von Martin Schongauer und Albrecht Dürer; Xylographien und Clair-obscur-Holzschnitte des 19. und 20. Jahrhunderts; schwarzweiße Schabeblätter in der heutigen Zeitungswerbung.

Abb. 45/2

Literatur

Neuere kunstdidaktische Literatur für den Bereich der Grundschule

Bodemeyer – Burkhardt: Einführung in die Bildbetrachtung, Klett Schulgalerie 1, Stuttgart: Klett 1973

Breyer – Otto – Wienecke: Kunstunterricht: Planung bildnerischer Denkprozesse.

Burkhardt, Hermann: Zur visuellen Kommunikation in der Grundschulpraxis. Ravensburg: Otto Maier Verlag 1974

Daucher, Hans – Seitz, Rudolf: Didaktik der Bildenden Kunst. München: Don Bosco 1969, 1972⁴

Daucher – Otto – Seitz: Lehrprogramm Kunstdidaktik – Anleitungen zur Unterrichtsplanung für Vorschule – Grundschule – Förderstufe. Velber b. Hannover: Friedrich Verlag (Sonderheft Kunst und Unterricht 1971)

Denker, Johann: Kunstunterricht in der Grundschule. Oldenburg: Isensee 1969, 1972²

Ebert, Wilhelm: Zum bildnerischen Verhalten des Kindes im Vor- und Grundschulalter. Ratingen: Henn 1967

Ebert, Wilhelm: Kreativität und Kunstpädagogik. Düsseldorf: Henn 1973

Ehmer, Hermann K. (Hrsg.): Kunst/Visuelle Kommunikation, Unterrichtsmodelle. Steinbach/Gießen: Anabas Verlag 1972

Heinig, Peter: Kunstunterricht. Bad Heilbrunn, Klinckhardt 1969

Hinkel, Hermann: Wie betrachten Kinder Bilder? Steinbach/Gießen: Anabas Verlag 1972

Kaiser, Gerold: Kunstunterricht in der Eingangsstufe. Ravensburg: Otto Maier Verlag 1973

Kowalski, Klaus: Praxis der Kunsterziehung. Stuttgart: Klett 1968

Meyers, Hans: Kind und bildnerisches Gestalten. München: Kösel 1969

Otto, Gunter: Kunst als Prozeß im Unterricht. Braunschweig: Westermann, 2. Auflage 1969

Otto, Gunter (Hrsg.): Struktur und Funktion des Graphischen – Handbuch der Kunst- und Werkerziehung, Band IV/2. Berlin: Rembrandt Verlag 1970

Pfennig, Reinhard: Gegenwart der Bildenden Kunst – Erziehung zum bildnerischen Denken. Oldenburg: Isensee, 4. Auflage 1970

Staguhn, Kurt: Didaktik der Kunsterziehung. Frankfurt/M.: Diesterweg 1967

Ergänzende Literatur

Bense, Max: Einführung in die informationstheoretische Ästhetik. Reinbek bei Hamburg: rde. Band 320

Bodemeyer – Brügel – Burkhardt: Strukturen des Bildnerischen (Einführungsheft). Ravensburg: Otto Maier Verlag 1972

Hentig von, Hartmut: Lernziele der Gesamtschule (= Gutachten und Studien der

Bildungskommission Band 12) Stuttgart: Klett 1971³

Heimann – Otto – Schulz: Unterricht – Analyse und Planung. Hannover: Schroedel. 2. Auflage 1966

Kepes, Gyory (Hrsg.): Visuelle Erziehung. Brüssel: La Connaissance 1967

Klafki, Wolfgang: Studien zur Bildungstheorie und Didaktik. Weinheim: Beltz 1963

Klee, Paul: Das bildnerische Denken (hrsg. von J. Spiller). Basel/Stuttgart: Schwabe, 2. Auflage 1970

Robinsohn, Saul B.: Bildungsreform als Revision des Curriculum. Neuwied: Luchterhand 1967

Aufsätze

Barthes, Roland: Die strukturalistische Tätigkeit (1964). In Schiwy, Günther: Der französische Strukturalismus. Reinbek bei Hamburg: rde. Band 310/311

Barthes, Roland: Die Imagination des Zeichens (1962). In Barthes: Literatur oder Geschichte. Frankfurt/M.: edition suhrkamp Band 303, 1969

Burkhardt, Hermann: Zu gegenwärtigen und künftigen Aufgaben des Kunstunterrichts in der Grundschule. In: Zeitschrift für Kunstpädagogik, Heft 1/1972, Kastellaun: A. Henn Verlag

Burkhardt, Hermann: Bildnerisches Denken der semantischen Dimension. In: Kunstpädagogik '74 (Hrsg. von W. Ebert). Ratingen / Kastellaun / Düsseldorf: A. Henn 1974

Hentig von, Hartmut: Ästhetische Erziehung im politischen Zeitalter – Einige Grundbegriffe aus dem Wörterbuch der Kunsterziehung (1967). In von Hentig: Spielraum und Ernstfall. Stuttgart: Klett 1969

Lehrpläne, Vorschläge, didaktische Konzeptionen

Giel, Klaus/Hiller, Gotthilf G.: Vorläufiger Entwurf eines curricularen Zusammenhangs für das erste Schuljahr. In: Reflektierte Schulpraxis Seite 6. Villingen: Neckar Verlag 1971

Giel, Klaus/Hiller, Gotthilf G.: Verfahren zur Konstruktion von Unterrichtsmodellen als Teilaspekt einer konkreten Curriculum-Reform. In: Zeitschrift für Pädagogik, 16. Jg. Heft 6/1970

Gocksch/Kock/Otto/Wienecke: Vorschlag eines Lehrplans für das 1./2. und 3./4. Schuljahr. In: Kunst und Unterricht, Heft 4/1969 und 8/1970. Velber: Friedrich Verlag

Möller, Heino R.: Kunstunterricht und visuelle Kommunikation – 7 Arbeitsthesen zur Konzeption eines neuen Unterrichtsfaches. In: Mitteilungen des Bundes Deutscher Kunsterzieher, Heft 1/2 1970, und in: Ästhetik und Kommunikation – Beiträge zur politischen Erziehung, Heft 1/1970

Rahmenrichtlinien Primarstufe Kunst/Visuelle Kommunikation. Wiesbaden: Hessisches Kultusministerium 1973

Richtlinien und Lehrpläne für die Grundschule in Nordrhein-Westfalen – Kunst/Design. Düsseldorf: A. Henn 1973

Vorläufige Arbeitsanweisungen für den Kunstunterricht in den Grundschulen des Landes Baden-Württemberg. Villingen/Schwenningen: Neckar Verlag, 2. Lieferung D 9 1973